宇翔編著

# 不靠爸
## 的人脈讀心術

拓展人脈時，用你的慧眼去發現這種值得交往終生的朋友，那將是你寶貴的人生財富。

**請你認真思考這樣一個問題：**

算算你現在一共有多少位朋友？

這些朋友都是透過何種管道或方式認識的？

思考後，你一定會發現，自己現在的許多朋友最初都是朋友的朋友。

也就是說，我們透過一些朋友作為「中間人」又認識了更多的朋友。

而且透過朋友認識新朋友要比結識完全陌生的朋友容易得多。

**「人情」都是有限的，就像 銀行存款 一樣，**

你存進去的多，能取出來的就多，存得少，能取出來的就少。

你若和別人只是泛泛之交，你困難時別人幫你的可能就很小，因為人家沒有義務幫你。

如果你平時多儲蓄「人情」，甚至不惜血本的投資，急用時就不至於犯難。

和你一同笑過的人，你可能把他忘掉；

但是和你一同哭過的人，你卻永遠不忘。

**——紀伯倫**

WWW.foreverbooks.com.tw

yungjiuh@ms45.hinet.net

全方位學習系列　37

# 不靠爸的人脈讀心術

| | | |
|---|---|---|
| 編　　著 | 傅宇翔 | |
| 出 版 者 | 讀品文化事業有限公司 | |
| 執行編輯 | 林美娟 | |
| 美術編輯 | 翁敏貴 | |

本書經由北京華夏墨香文化傳媒有限公司正式授權，同意由讀品文化事業有限公司在港、澳、臺地區出版中文繁體字版本。

非經書面同意，不得以任何形式任意重制、轉載。

| | |
|---|---|
| 社　　址 | 22103　新北市汐止區大同路三段 194 號 9 樓之 1 |
| | TEL／(02) 86473663 |
| | FAX／(02) 86473660 |
| 總 經 銷 | 永續圖書有限公司 |
| 劃撥帳號 | 18669219 |
| 地　　址 | 22103　新北市汐止區大同路三段 194 號 9 樓之 1 |
| | TEL／(02) 86473663 |
| | FAX／(02) 86473660 |
| 出 版 日 | 2012年07月 |

| | |
|---|---|
| 法律顧問 | 方圓法律事務所　涂成樞律師 |
| CVS代理 | 美璟文化有限公司 |
| | TEL／(02) 27239968 |
| | FAX／(02) 27239668 |

版權所有，任何形式之翻印，均屬侵權行為

Printed Taiwan, 2012 All Rights Reserved

國家圖書館出版品預行編目資料

不靠爸的人脈讀心術 / 傅宇翔編著. -- 初版.
-- 新北市：讀品文化，民101.07
面；　公分. -- (全方位學習系列；37)
ISBN 978-986-6070-43-3(平裝)
1.人際關係
177.3
101009395

　　患難見真情。患難與共的朋友，才是真正的朋友。在自己的人脈網中需要有幾個真心結，不管你窮困潦倒也好，飛黃騰達也好，只要這幾個真心結存在，就能織起了整張網。

　　在各種交際場合認識的大多數人，不是我們的朋友，只能算是我們的「熟人」，他們不是能夠在我們失落時與我們相依的人脈。而那些真正的朋友是那種當你遇到危難的時候，能夠全力相助的人。這種朋友是可遇而不可求的。

　　曉峰和小傑暑假裡一起徒步旅遊，他們都喜歡登山。那個驚心動魄的故事就是這樣發生的：當曉峰和小傑終於攀上了山頂，站在山頂四處眺望。只見遠處城市中白色的樓群在陽光下變成了一幅畫；抬頭仰望，藍天白雲；微風輕輕吹來，帶來了詩情畫意。對於終日忙碌的他倆，這真是一次難得的旅遊和享受。兩個人手舞足蹈，高興得像小孩子。

　　突然，小傑不小心一腳踩空，高大的身軀一下重心不穩，隨即向萬丈深淵滑去，周圍都是陡峭的岩壁，沒有手

抓的地方。短短的一瞬間，曉峰就明白發生了什麼事情。他下意識地一口咬住了小傑的上衣，但同時他也被慣性快速地帶向懸崖邊。倉促之間，曉峰抱住了一棵樹。

小傑懸在空中，曉峰牙關緊咬，他們就像一幅畫，定格在藍天白雲大山懸崖之間。

曉峰不能張口呼救，一個小時之後，過往的遊客救了他們。而這時的曉峰，牙齒和嘴唇早被鮮血染得鮮紅。事後，有人問曉峰怎麼會只用牙齒就能咬住一個人而且能堅持那麼長時間？曉峰回答：「當時，我頭腦裡只有一個念頭：我一鬆口，小傑肯定會死。」

像例子裡曉峰這樣的朋友就是能夠顯示自己本色的人，他沒有虛假的面具，能夠與你真心交往，與你同甘共苦。這種人肯定不是淺薄之徒，他們有著豐富的精神世界，能幫助你不斷地進取。

英國哲學家培根在《論人生》中談到友情時說道：「如果把快樂告訴一個朋友，你將得到兩個快樂；而如果你把憂愁向一個朋友傾吐，你將被分掉一半憂愁。」所以友誼對於人生，真像煉金術士所要尋找的那種「點金石」。它能使黃金加倍，又能使黑鐵成金。紀伯倫也曾說過：「和你一同笑過的人，你可能把他忘掉；但是和你一同哭過的人，你卻永遠不忘。」

法國作家羅曼‧羅蘭曾說過：「得一知己，把你整個的生命交託給他，他也把整個的生命交託給你。終於可以休息了：你睡著的時候，他替你守衛，他睡著的時候，你替他守衛。能保護你所疼愛的人，像小孩子一般信賴你的人，豈不快樂！而更快樂的是傾心相許，等你老了、累了，多年的人生重負使你感到厭倦的時候，你能夠在朋友身上再生，恢復你的青春與朝氣，用他的眼睛去體會萬象更新的世界，用他的感官去抓住瞬息即逝的美景，用他的眼睛去領略人生的壯美……便是受苦也是和他一塊受苦！只要能生死相共，便是痛苦也成了快樂！」

　　因此，當你拓展人脈時，用你的慧眼去發現這種值得交往終生的朋友，那將是你寶貴的人生財富。

# 第一章

## 拓展人脈才能看得更遠

# 第二章

## 發現身邊的貴人

# 第三章

## 用人情經營人脈

# 第四章

## 悉心維護你的人脈

# 第五章

## 活用各種關係
辦事

# 拓展人脈才能看得更遠

人脈就好比我們日常出行必須用到的交通工具一樣，沒有他們我們可能很難完成最基本的事情。

年輕人應用誠懇謙虛的態度，發掘元老們身上的智慧之光，向他們學習，讓自己的成功之路少走彎路。

## 主動結交比自己優秀的人

拓展你的社會交際能力，讓你受益無窮。

# 你想成為什麼樣的人，
# 就和什麼樣的人在一起

　　一個良好的環境，會改變我們的思維與行為習慣，直接影響我們的工作與生活。同理，人脈也可以影響我們，如果我們經常與優秀的人在一起交往，自己也會向好的方向發展，反之亦然。

　　生活中，我們都會在不經意間接受來自環境的一些潛移默化的影響，從而不知不覺地改變了自己的品行。正如西晉思想家傅玄所說：「近朱者赤，近墨者黑。」

　　歐陽修是北宋時期著名的文學家、史學家和政治家。他在文學上取得了卓越的成就，創作了大量優秀的散文和詩詞。尤其是他的散文，簡潔流暢，豐富生動，富於感染力。歐陽修是唐宋散文八大家之一。他還為當時的文壇培養了一批人才，像蘇洵、蘇軾、蘇轍、曾鞏、王安石（他們都是唐宋散文八大家之一）等文學家，都出自他門下。

　　歐陽修在潁州府（今安徽省阜陽市）當長官的時候，有位名叫呂公著的年輕人在他手下當差。有一次，歐陽修

的朋友范仲淹路過潁州，順便拜訪歐陽修。歐陽修熱情招待，並請呂公著作陪敘話。談話間，范仲淹對呂公著說：「近朱者赤，近墨者黑。你在歐陽修身邊做事，真是太好了。應當多向他請教作文寫詩的技巧。」呂公著點頭稱是。後來，在歐陽修的言傳身教下，呂公著的寫作能力提高得很快。

《論語・里仁》云：「見賢思齊焉。」如果一個人周圍都是一些道德高尚的人，那麼這個人也會透過努力，去超越他們。同樣的，如果一個人總是與一些道德素質低下的人交往，久而久之他的品性也會變得惡劣。

年輕的壽險推銷員強尼來自貧窮家庭，他平時也沒什麼朋友。華特先生是一位很優秀的保險顧問，而且擁有許多賺錢的商業管道。他生長在富裕家庭中，他的同學和朋友都是學有專長的社會精英。強尼與華特的世界根本就是天壤之別，所以在保險業績上也是天壤之別。強尼沒有人際網路，也不知道該如何建立網路，如何與來自不同背景的人打交道，而且少有人緣。在一個偶然的機會下，強尼參加了開拓人際關係的課程訓練，強尼受課程啟發，開始有意識地和在保險領域頗有成績的華特聯繫，並且和華

特建立了良好的私人關係，他透過華特認識了越來越多的人，事業上的新局面自然也就打開了。

　　強尼的成功得益於他的朋友華特和華特的人脈。所以，和什麼樣的人在一起，自己的未來或許就是什麼樣。在強者中交朋友自己會變得更強，和一無是處的人做朋友，自己則會變的頹廢，也會一無是處。

　　因此，你要想做什麼樣的人，就要和什麼樣的人在一起。你要想成為一個成功者，就先要學會和成功者在一起。與成功者為伍，有助於我們在身邊形成一個「成功」的氛圍。在這個氛圍中，我們可以向身邊的成功人士學習正確的思維方法，感受他們的熱情，瞭解並掌握他們處理問題的方法。

　　古語曰：「同德為朋，同類為友。」相同的人生理想、相似的氣質性格、相近的興趣愛好等，都容易促使人們走到一起，成為朋友和知己，在人生道路上，同一類型的朋友常常心心相印、患難與共。所以，志同道合是年輕人選擇知己的一條重要標準，同時也是最一般、最根本、最關鍵的標準。在志同道合的基礎上建立起來的友誼，才能萬古長青，經得起任何考驗。

　　概括起來，「志同道合」的朋友對一個人的成長和發

展的作用有以下幾個方面：

### 1. 相互砥礪，共同進步

工作上互幫互助，學習上取長補短，事業上同勉共進，道德上相互雕刻，這是志同道合者的最大作用。諸如同仁、同窗、同事、同行等方面的朋友不乏其例。志同道合的朋友可以幫助我們走向成功的道路，實現自己的理想。

### 2. 讓生活更加充實

假如你有一個乃至幾個愛好、興趣一致的朋友，那麼，生活就會充實得多。與棋友賽賽棋藝，與釣友郊外遠足，與球友馳騁綠茵，與詩友酬答應和，與氣功朋友磋商修煉之道，與書畫朋友共入藝術殿堂，與文學朋友筆耕文會……不僅其樂融融，而且陶冶情操，有助於精神境界的發展、提高。

### 3. 完善自我

孔子曰：「與善人居，如入芝蘭之室，久而自芳也；與惡人居，如入鮑魚之肆，久而自臭也。」可見，交什麼樣的朋友，對自己一生的成長有著重要的影響，志同道合，可以改變自己的不良個性。

找到一個志同道合的朋友，是一個人一生的財富。還等什麼，快用你的眼睛去發現周圍的人中能與你攜手前進

的那個人吧。

總結　　有時決定一個人身份和地位的並不完全是他的才能和價值，而是他與什麼樣的人在一起。所以，如果你想取得成功，就必須和成功人士站在一起，為自己平步青雲鋪路。

# 絕對需要收入囊中的重要人脈

羅斯福曾經深有感觸地說：「成功的公式中，最重要的一項因素便是與人相處。」美國石油大亨洛克菲勒在總結自己的成功經驗時曾經表示：「與太陽下所有能力相比，我更關注與人交往的能力。」正是洛克菲勒的這種卓越的人脈溝通能力成就了他輝煌的事業。

由此可見，想成就事業，就要有成功的人際關係和人脈資源。

可是，到底什麼樣的人才對年輕人有幫助呢？什麼樣的人才是我們在拓展人脈時必須多加注意的呢？

下面這10種人，你絕對不能忽視：

## 1. 關鍵時刻能為你提供各種票據的人

某個你正在求助的人或者你人脈中的某個重要角色，無意間提起他急欲觀看某場重要比賽，可是偏偏票售完了，問過所有的票務公司都說沒票可售了。此刻，你若可以急人之所急，拍著胸脯說：「沒問題，這事包在我身上！」對方一定大為高興。而你之所以能如此信誓旦旦，就是因為你的人脈網中有能在關鍵時刻為你提供不同票據

的人在。

### 2. 獵人頭公司的人雖然很討厭，但不妨認識一下

可能你常接到獵人頭公司的電話，而且頻繁得令你感到厭煩。這時，你不應冷言冷語拒絕，不妨隨便聊聊，記一下聯繫方式。要知道，你現在不需要不代表你將來不需要，如果你哪一天不幸落馬了，獵人頭公司便能幫助你。年輕人永遠記得這條真理：在口渴前挖井，什麼時候都有水喝的。

### 3. 銀行內部的工作人員

在經濟發展為主導的社會，銀行有著了越來越重要的作用，你的薪資發放、你的投資理財、你的稅款繳納、你的獎金福利等，都可能要跟銀行扯上關係。所以，認識幾個銀行內部的工作人員是極其必要的，這樣當你的資金出現了任何問題，你就知道該向誰諮詢，該向誰求助。

### 4. 多與旅行社打交道

身在職場，免不了會出差辦事。出差離不了遠行工具，你可能需要搭乘飛機。同一架飛機，10名旅客就可能會有10種不同的價格。如果你認識旅行社裡的人，也許你的機票價格將是這10種價格中較為低廉的。一張本來值400美元的機票，別人花了500美元才能買到，你僅花了300美元就買到了，是不是很得意？這就得益於你認識的旅行社

裡的朋友。

### 5.當地的警務人員你避無可避

也許你見了警務人員心裡會感到緊張。其實，只要你沒做犯法的事，完全沒有必要。要知道，警務人員的作用是很大的，如子女就學、戶口遷移、家庭安全、突遇盜竊等事，都會有警務人員的涉入。所以，跟幾個警務人員打好關係是有百利而無一害的。

### 6.名人儘量多結交

人都知道，大樹底下好乘涼，應儘量多地去認識那些名人。也許你會想他們怎會放下架子來結交年輕人呢？其實，你要知道，高處之人往往不勝其寒，很多名人其實比你想像的要容易接近得多。關鍵在於你要動動腦筋，多想方法去靠近他們，用你獨有的魅力去吸引他們的關注。

### 7.多向金融和理財專家請教

金融、理財，兩個貌似高深的詞語，現在卻與每一個人都扯上了關係，我們每個人都有很多這方面的事務需要處理。但是，並不是我們每個人都可以成為這兩方面的專家。這時，我們就可以向這方面的專家請教比較科學的方法來引導我們的生活和事業。

### 8.律師

現實的社會是複雜多變的，隨時都有可能災禍上身。

因此，最明智的選擇就是採取法律手段，按照法律程序來解決。這時，我們免不了會跟律師打交道。

律師熟識法律知識，通曉法律技巧，有律師的幫助，你的麻煩會省掉很多。

### 9.維修人員

日常生活中的麻煩實在太多，家裡的鎖鏽得打不開了，煤氣罐漏氣，下水道堵塞，半舊的汽車突然罷工……諸如此類的麻煩實在讓人心情很糟。這時，如果你突然想起某個精通維修的朋友，你一個電話過去，你的朋友便在最短的時間內幫你將這些煩心事解決得徹徹底底。而你需要付出的費用也是在合理的範圍之內，有這樣的朋友，真的會讓人心情很好。

### 10.媒體工作者

媒體往往有這樣的作用，它能使你緋聞纏身，也能使你在短時間內人氣大漲。如果你處理得好，媒體真的能成為你最好的宣傳助手。無論從集體的利益出發，還是從個人的利益出發，不論你對記者等媒體工作者抱持怎樣的態度，與他們之間的關係你還是要處理好的。

不管你屬於哪個領域、哪個專業，都很有必要結識上面這10種人，讓他們作為自己急需時的「備份」。

**總結** 人脈就好比我們日常出行必須用到的交通工具一樣，沒有他們我們可能很難完成最基本的事情。結識他們雖然看似平常，有時作用也不是很突出，但是如果能運用得當、巧妙安排，他們就能發揮出事半功倍的效果。

# 元老級人物不可或缺

　　每個人都需要一位人生教練，任何人都不例外，這位教練就是可以向你傳道授業的「元老」，他們的經驗就像黑夜裡的明燈，可以指引你方向。

　　在你的生命中，是否也曾出現過這樣一個人，他可能沒有直接對你傳道授業，然而，他能夠一眼洞察你的潛力。在你失落時，讓你看到希望；在你得意時，為你敲響警鐘，使你不會偏離軌道。他讓你深信你一定會成功，在平時，他是你學習的典範，在特別的時刻，他會助你一臂之力。他就是你生命中永不可忘懷的貴人。

　　只要研究一下，就會發現，任何一個偉人的人脈資源中都出現過一個或多個元老級的貴人，他們都曾經跟一個或者多個教練當過學徒。因此年輕人如果想功成名就，就必須有一個「元老」做你的教練，你必須學習掌握他們所有的資源和祕密，見見他們所有的關係，學習他們所有學過的、正在學的和將要學的東西。要學習他們認識事物的方式，學會像他們那樣去思考，以便取得他們取得的成果。一位年輕的銀行家就是憑藉自己與一位行業元老的交

流學習，一路通暢地走向了成功。

銀行業是非常注重資歷和經驗的，所以在銀行中擔任要職的往往是老成持重的人物。但一個年輕人只用了不到10年的時間就登上了「金字塔頂端」，他的成功經歷引起了很多人的興趣。

一位作家打算揭開這個謎底，他去拜訪這個年輕的銀行家時問過這樣的問題：「很少有年紀這麼輕就能在銀行裡得到這麼高職位的人。能告訴我你是如何奮鬥的嗎？」

「這需要花許多工夫並勇於奉獻，」年輕的銀行家解釋，「但真正的祕訣是，我選擇了一位良師。」

「一位良師，這是什麼意思？」作家問。

銀行家說：「在我讀大學快畢業時，有一位退休的銀行家到班上做講座。他當時已經70多歲了。他的臨別贈言是：『如果你們有什麼需要我幫忙的地方，儘管打電話給我。』聽起來好像他只是客套一番，但他的建議卻引起了我的興趣。我需要他給我些建議，告訴我在我想進入銀行業時該走哪一步才是正確的。可是我又很怕碰釘子，畢竟他是個有錢而傑出的人，而我只不過是個即將畢業的大學生而已。但是最後，我還是鼓起勇氣打電話給他。」

年輕的銀行家這麼回答：「他非常友善，甚至邀請我

與他見面談談。我去了，得到許多意見滿載而歸。他給了我一些非常好的指導，告訴我應該選擇在哪家銀行做事，又告訴我如何將自己推薦給別人而獲得一份工作。他甚至提議：『如果你需要我，我可以當你的指導老師。』」

「我的指導老師和我後來有著非常良好的關係。」銀行家繼續說，「我每週打電話給他，而且每個月至少一起吃頓午餐。他從來沒有出面幫我解決問題，不過他使我瞭解要解決銀行的問題有哪些不同的方法。而且有趣的是，我的指導老師還衷心地感謝我，我們的交往使他的思想一直保持著年輕的狀態。」

毋庸置疑，青年人交上這樣的元老級人物，能夠從元老的身上學到很多極為寶貴的經驗，以此來彌補自己的某些缺陷與不足，豐富知識、吸收閱歷，培養自己穩重的辦事風格，讓自己更快的走向成熟，健康地成長起來。由此可見，一個人要成大業比登天還難，但是一個人如果能得到元老級別的良師益友的鼎力相助，從而形成一個團結的集體，那麼要成大業就易如反掌。

**總結**

年輕人應用誠懇謙虛的態度，發掘元老們身上的智慧之光，向他們學習，讓自己的成功之路少走彎路。

# 優秀的對手激發你的潛力

大多數人都見過田徑場上的長跑比賽，甚至有些人還是田徑運動愛好者，可是，不知道你們是否在田徑比賽中得到一些啟示。

比賽開始前，眾人在起跑線上做準備，此時他們完全處於同一個層次。比賽開始，運動員一同出發，難以分出先後，途中運動員們都會跟上某位對手，等待時機加速超越，然後再選定下一個要跟住的對手，再等待時機加速超越，以此類推直到終點。

這種情況的發生，在馬拉松比賽中最為明顯。馬拉松比賽，比的是體力與意志力，而意志力起主導作用。比賽場上有很多人因意志力不夠堅強，比賽還未結束就退到了場外；還有些人原本跑在前面，可是不知不覺間被後面的對手趕上甚至超越。而跟緊一位對手的目的就是為了避免這種情形的產生，用對手來激勵自己奮發向上，激發自身的意志力，告訴自己：千萬不能讓其他對手趕上；同時也在提醒自己：不能跑得太快，保存體力留做衝刺。

對手是你的合作夥伴，也是你成功路上的參照物。

成功人士的產生，是與無數強於他的對手角逐出來的。可見，選好一個對手有多麼重要。我們要記住：選對手就要選擇比自己強大的，當你勝過他時，證明你的能力有了一定的提升，胸中堅定的信心也會隨之加強。

選擇好的競爭對手並不是很難，在你周圍的同事或同學都可能成為你的目標。你需要擦亮眼睛好好選擇一個各方面都強過你的對手。不過在選擇對手時也要兼顧實際，如果對手的能力領先你很多，你根本就沒有能力與他抗衡，這樣的對手最好不要選擇，以免被他強大的氣勢影響到你積極的心態。換句話說，你選擇的對手雖然「跑」在你前面，但你們之間的距離相差不是很遠，只要你付出努力就有可能趕上甚至超越他，而那些領先你很多的對手，你不一定能追得上，就算能追上，也要為此付出很大的代價，而這無疑會讓你覺得筋疲力盡。

「對手」確定以後，盲目地亂追是不理智的行為，所謂「知己知彼，百戰不殆」，選定後還要對他進行徹底的分析，看他的本事到底哪裡強過你；他是透過什麼方法取得成功的；他的訣竅在哪裡，包括他的人際關係的建立、個人能力的提高等，都要有一個全方位的衡量。這些準備工作做完以後，你可以對他展開激烈的追趕攻勢，可以效仿對手成功的方法，也可以按照自己的計畫行事。只要你

有心，相信很快就會趕上並超越對手。

**總結** 漫漫人生路與馬拉松沒有什麼本質上的區別，都需要選擇一個競爭對手。既然無論怎樣都要選擇，何不選擇一個能力比你強的對手呢？把他設立成你追趕並超越的目標，時刻激勵你奮發向上。

# 與獵人頭做朋友，關鍵時助你一臂之力

交友，應本著誠摯之心，但如果誠摯的對象剛巧是能為自己提供幫助之人，則是再好不過的事情了。結交一些能在事業上幫助自己的人，如獵人頭公司，雖非本著利益而交，卻也能在需要之時獲得意外的收穫。

白穗在一家廣告公司做行銷工作，一次經過朋友的介紹，認識了一位獵人頭朋友。此後，白穗主動地與這位獵人頭保持聯繫，也不時地約這位朋友出來吃飯，交流工作或生活上的心得或感受，每逢過節的時候，也不忘給他稍去祝福或一份小禮物。時間久了，這位獵人頭對白穗的印象越來越好。

一天，這位朋友給白穗打了一個電話，說有一家外商正是招行銷副總，也是廣告公司，待遇不錯，覺得白穗的工作經驗與能力能夠勝任此職位，問白穗想不想試試。當時白穗正好也有跳槽的打算，於是毫不猶豫地接受了。

在去外商面試之前，這位朋友還特地向白穗提供了許多中肯的建議，告訴白穗如何透過面試細節上的處理博得

面試官的好感。

　　由於有了充分的有針對性的準備，白穗順利地得到了這份工作。


　　白穗之所以能夠跳槽成功，這位獵人頭的作用不可以忽視。他不僅給白穗提供了職業資訊源，同時也提了不少建議，讓她繞開不必要的錯誤，最終實現了職場的轉換。

　　普通的人與獵人頭做朋友，最大的好處就是省略了大量的盲目求索的時間和精力，用別人的智慧來幫自己找一個相對好的位置。你想想，人家獵人頭拿你做朋友，能不照顧你嗎？給你的工作職位能不比自己找的好一些。就像找房子一樣，說出你自己接受的價碼、位置、戶型，人家專業的仲介馬上就能給你鎖定哪一間。

　　雖然有時你工作穩定，不需要找工作。但是經常與獵人頭朋友聊天，一方面你可以得到自己想要的資訊，同時，你也可以把你掌握的資訊和獵人頭分享，讓獵人頭瞭解你，那麼，也許下一次機會就是你的。同時，由於你的合作和友好，在獵人頭圈子也會有良好的口碑，這對自身品牌的塑造、獲得更好的職場機遇只有好處。

　　不過，和獵人頭做朋友不是說你想做就能做成的。對普通人來說，很多人可能還「不夠格」成為獵人頭的注意

對象。這時候就需要你苦練內功，也廣結善緣。比如，你可以經常登錄一些求職網站，發佈你的履歷，並經常投遞一下履歷，讓獵人頭擁有你的第一手資料，一旦他們需要你這方面人才的時候，自然先想到你。

另外，年輕人還可以多參加一些社交活動，增加媒體的關注，也是增加和獵人頭接觸的好機會。

**總結** 也許你不認識獵人頭，但是你的某個朋友可能認識獵人頭，說到底，任何人都可能成為你的「獵人頭」，而這些「獵人頭」可以在關鍵時候助你一臂之力。

# 主動結交比自己優秀的人

在選擇朋友時，年輕人必須確立這樣一條基本原則，那就是盡可能地選擇那些比你優秀、在各方面領先一步的人做朋友。

當然，我們要努力和那些自己所仰慕和推崇的人交往，並不意味著要結交那些更加富有的人，而是結交那些有著較高的文化素養、受過良好的教育並且有著更廣泛的資訊來源的人。

只有和這樣的人交往，你才能盡可能多地吸取有助於你成長和發展的養料。而且在與他們接觸的過程中，你也會逐漸提升自己的理想，追求更遠大的目標，並付出更大的努力，以便自己有朝一日也能夠成為一個優秀的人。

美國有一位名叫亞瑟‧華卡的農家少年，在雜誌上讀了某些大實業家的故事，很想知道得更詳細些，並希望能得到他們對後來者的忠告。

有一天，他跑到紐約，也不管幾點開始辦公，早上7點就到了實業家亞斯達的事務所。

在第二間房子裡，華卡立刻認出了面前那體格結實、長著一對濃眉的人就是他要找的人。高個子的亞斯達開始覺得這少年有點討厭，然而一聽少年問他：「我很想知道，怎樣才能賺得百萬美元？」他的表情便柔和並微笑起來，後來他們談了一個鐘頭。隨後亞斯達還告訴華卡該去訪問的其他實業界的名人。

華卡照著亞斯達的指示，遍訪了一流的商人、總編輯及銀行家。

在賺錢這方面，他所得到的忠告並不見得對他有所幫助，但是能得到成功者的知遇，卻給了他自信。他開始仿效他們成功的做法。

兩年之後，華卡成為他曾是學徒的那家工廠的所有者。24歲時，他成了一家農業機械廠的總經理，不到5年，他就如願以償地擁有百萬美元的財富了。


華卡在活躍於實業界的67年中，實踐著他年輕時來紐約學到的基本信條，即多與有益的人結交，多會見成功立業的前輩。而他的成功也正是因為他主動結交優秀的人，從他們那裡得到了不少信心以及各種資源。

年輕的男女都能直率地表達崇拜英雄的心意。可是年紀一大，就以為應將這種心意隱藏起來。但是隱匿崇拜英

032

雄的心意是錯誤的，應當與你所崇拜的人親近，這才是良策。這樣不但能使對方感到高興，而且會鼓勵你、增加你的勇氣。

要與偉大的朋友締結友情，跟第一次就想賺一百萬美元一樣，是相當困難的事。這原因並非在於偉人們的超群拔萃，而在於你自己容易忐忑不安。

不少人總是樂於與比自己差的人交際，這有一些自我安慰的作用。因為這樣會使自己在與友人交際時產生優越感。可是從不如自己的人當中，顯然是學不到更多的東西的。而結交比自己優秀的朋友，能促使我們更加成熟。

我們可以從劣於我們的朋友中得到慰藉，但也必須從優秀的朋友那裡得到刺激，以增加勇氣。

**總結**

綜觀那些事業成功的人，大多數有賴於比自己優秀的朋友，不斷地促使自己力爭上游。如果你也想獲得成功，一定要主動去結交那些比你優秀的人。

# 參加進修班，結交「頂尖人才」

曾經有一位企業老闆對參加進修班的態度是這樣說的：「工作中用到的東西百分之三十是來自你的專業知識，百分之六十是來自實際的工作經驗，只有百分之十是來自進修班的課程，但是我仍然每年參加高級進修班，主要目的不是學習知識，而是進修班是一個很好的場所，能夠讓我結識到我本行業內的高手。明年我更是要拿出一筆開銷到美國哈佛讀一個MBA，當然，這是一個讓我結識更多各行各業頂尖級人才的機會，來擴大和提高我的人脈資源。」

參加一些高檔進修班是一個聰明之舉，因為它不僅會讓你學會一些新知識，而且還會結交到一些重要的朋友，擴充你的人脈資源網路。之前興起的MBA熱潮就是一個佐證，讀書不僅為了「充電」，更為了搭建高品質的人脈關係。

某電子商務有限公司總經理賀志賢30歲以前就有了1000萬元資產了，那時的他真的有點驕傲得不知天高地

厚。後來，他參加了EMBA班，才知道「天外有天」。

　　賀志賢原打算讀MBA，但最後還是花了一筆不小的費用選擇了EMBA。兩年下來，同學成了股東，賀志賢的生意也越做越大。這是因為讀MBA的同學一般是二三十歲，工作沒幾年，實踐經驗也不多，還沒形成自己的風格；而來讀EMBA的人層次就大不一樣，他們都有8年以上工作經歷，很成熟，而且都是某個領域的開拓者和領導者。和比自己更成功、更出色的人在一起，賀志賢的收穫頗豐。

　　他認為，受什麼樣的教育並不重要，關鍵是和誰做同學。他花鉅資就是為了改變自己的「社會交往結構」。過去是在飯局中拉關係，現在則是在MBA或者EMBA班上建立起自己的超值「人脈」，EMBA的開放式教育更加促進了同學交往的升溫。「要知道，在這裡彙集的都是管理階層的精英，今日同學關係也許就意味著明日的財富，『同桌的你』、『同班的你』都很重要。」賀志賢說道。


　　如果你還沒有機會去讀MBA的話，你可以利用一些進修班來拓展自己的人脈，正如例子裡的賀志賢。經常去參加一些高檔進修班或研習會，不僅可以學習到一些新的知識，還可以進一步瞭解行業的趨勢。而且極為重要的是，可以結交一些十分重要的朋友，擴充自己的人脈資源網

路。這些進修班或研習會不同於學院式的正規教育，參加
這種進修班或研習會的人一般都是早已走向社會、有自己
的事業的人，而且他們大多都是力求上進、想有所成就的
人。

　　如果你碰到的是自己的同行，可以彼此交換工作心
得，探討行業趨勢，瞭解更多相關的行業資訊。這些資訊
對於作決策、發展事業是很有幫助的。如果碰到的不是同
行，那對方就有可能成為你的顧客。同時，他也有可能帶
給你正在尋找的東西。

**總結**　　如果你有幸獲邀去參加進修班或是研討會，那麼請你
以開放的心胸和積極的態度去參加。你會發現這些進修班
中蘊涵著豐富的人脈資源，他們之中的某個人或許就是你
事業發展中的下一個合作夥伴，而且進修班還能夠提高你
發展人際關係的技巧，拓展你的社會交際能力，讓你受益
無窮。

# 積極結交各行業的人

　　我們在平常必須努力與自己毫無關係的行業人員接觸，並學習其他行業的知識。只固守在自己的同行之中無法建立多層面的人際關係。也許你具備了完整的專業知識，但在這個複雜的社會中，只具備自己工作領域的知識是不夠的。若一點兒也不瞭解其他行業的想法與行為，就無法達到自我成長的目的。

　　心胸狹窄的人無法交遊廣闊。如果沒有豐富的知識與悟性或情感與智慧的完美結合，你就不能成為一個有魅力的人。吸收自己本行的專業知識，這是不用說的事，但瞭解不同性質行業中的生活方式，不但可以增加自己的見聞，更可以交到許多不同的朋友，這便是重要的交際技巧。


　　紀童有個同學，念大學時就顯得比別的同學懂得多，畢業十幾年後見到他，他還是懂得比紀童認識的人都多。有一次聊天，這位同學無意中說出他喜歡向不同行業的人吸取知識！一語驚醒夢中人，難怪他一碰到紀童就一直談

紀童的工作，而紀童對他那一行卻霧裡看花，一知半解！

　　他告訴紀童，他在念書時就有這個習慣，除了看報、看雜誌，充實自己本來專業的知識外，他還會想辦法和別的科系的同學聊天，所以有些科系他雖然沒有進修，但多少都懂一些。此外，他也和來自不同地方、不同背景的同學聊天，所以才到大三，就已像一個工作好幾年的人一樣了。開始上班後，他更把這個習慣有計劃地成為工作的一部分。他和同一公司、不同專長、不同背景的人聊天，也和不同公司的人聊天，更和非本行的外界人士聊天，不僅豐富了他的知識，也豐富了他的人脈。

　　透過和不同行業的人的廣泛接觸，紀童的這位同學所掌握的知識越來越多。他現在是一家外商公司的經理，而他的升遷和他的「習慣」是不是有直接關係，我們不得而知，但沒有直接關係，至少也有間接關係。因為對不同行業瞭解得多，有助於對本行業的判斷和思考，至少朋友多，做事也會更方便。而最可貴的是，他所得到的都是「第一手」的經驗，都是各行業精英們的切身體會，這價值遠非報紙雜誌和書本所能比的。

　　不要認為和你不相干的行業的人就和你的工作不相干，這些人就不值得你尊敬、不值得你花精力去交往。各

種行業都是有依存關係的，所以，年輕人應學會打開自己的心靈大門去接納各種不同背景、不同行業的人脈，並抓住一切機會向他們求教。

為了積極地結交各行業的人，年輕人應多參加各項活動，比如踴躍地參加同學會，和自己的中學或大學同學及以往的故友保持聯絡，或者利用孩子在學校中活動，那些直接從事業務活動的人可以藉著與顧客的密切往來，輕易地與顧客建立起友好的情誼。而從事內勤工作的專業人員，就很少有機會和公司同事以外的人接觸。這時，也可以利用自己的另一半——丈夫（或妻子）來拓展交際圈。

**總結**　山外有山，人外有人。多結交其他行業的人，擴展自己的人脈，助自己成功，是年輕人必不可少的成事之道。

# 多結交帶「圈」的朋友

多認識一些帶「圈」的朋友，能夠讓我們以一種驚人的速度建立人脈，並且這種帶「圈」的朋友能夠很好地彌補你在社會關係中的不足，伴你走向事業的成功。

在生活中多認識一些帶「圈」的朋友，主要有兩個含義：一是多認識一些朋友多的人；二是儘量擴大交際圈。拓展人脈的關鍵就是認識更多的人。人們大多都是生活在一個既定的生活圈子內。如果你接觸的是同一群人，你的成長是有限的；如果將自己局限在很小的社團內，只會讓你覺得枯燥無味、沉悶寂寞。

每個人的人脈網都是不一樣的，朋友的朋友也有可能成為你的朋友。這就如同數學的次方，以這樣的方式來建立人脈，速度是十分驚人的。

假如你認識一個人，他從來不跟你介紹他的朋友，但另外一個人說：「下星期我們有個聚會，你來參加我們的聚會吧。」你到了那個聚會，發現這些人都是來自五湖四海的。帶圈子的人和不帶圈子的人的附加價值是不一樣的。我們知道在人脈網中，朋友的介紹相當於信用擔保，

朋友要把你介紹給其他人，就意味著朋友是為他做擔保。基於這一點，你可以請你的朋友多介紹他的朋友給你認識。就像做客戶服務一樣，如果你的新客戶是一個很強有力的老客戶介紹的，這位新客戶一下子就會接受你或你的服務。

你會發現這樣累積人脈資源的成本是最低的，你不需要花更多的時間去作介紹，也不需要花更多的時間去請客吃飯，這些都省下來了。

如果年輕人能夠不斷擴大自己的生活圈子，那麼你的交友層次也就會不斷提升；如果你能夠勇於嘗試新的事物，你就能突破內心種種的困難和障礙。

年輕人應該知道，我們在思考問題時通常只站在自己的角度，再好的個人，其實都有自私的一面，這是因為個人總是有偏差和缺陷的。所以，認識一些帶「圈」的朋友很重要的一點就是，可以彌補我們個人在社會關係中的不足。

年輕人必須跨出自己的生活圈子，接觸不同類型的人，因為不同類型的人會帶給你不同的刺激，不同的刺激會帶給你不同的創意和靈感，讓你在你的領域裡能夠佔有更大的優勢。

**總結** 所以，積極參加新的社區活動，擴大你的社交圈，可以讓你結交各個階層的朋友，不但讓你的生活多姿多彩，而且能擴大你的視野與見識，讓你的人脈資源越來越豐富。

# 透過「中間人」迅速擴充你的人脈

請你認真思考這樣一個問題：算算你現在一共有多少位朋友？這些朋友都是透過何種管道或方式認識的？

思考後，你一定會發現，自己現在的許多朋友最初都是朋友的朋友。也就是說，我們透過一些朋友作為「中間人」又認識了更多的朋友。而且透過朋友認識新朋友要比結識完全陌生的朋友容易得多。因此，要想擴大人脈圈，就要善於發揮中間人的作用。

關於這一點，比爾·蓋茲為我們樹立了良好的榜樣。客觀而言，成就比爾·蓋茲輝煌事業的，除了他的智慧、眼光和執著外，還有重要的一點是他借助中間人的幫助擁有了相當豐富的人脈資源。

**第一，利用自己的親人做中間人。**

比爾·蓋茲20歲時簽到了跟IBM的第一份合約，當時，他還是個大學生，沒有太多的人脈資源，他怎能釣到這麼大的鯨魚？很多人都想知道。原來，比爾·蓋茲之所以能簽到這份合約，有一個仲介人——他的母親。比爾·蓋茲的母親是IBM的董事會董事，她介紹兒子認識董

事長，這不是自然而然的事情嗎？假如當初比爾‧蓋茲沒有簽到IBM的訂單，他今天的成功可能就要畫上一個問號了。

**第二，利用同事朋友做中間人。**

比爾‧蓋茲重要的合夥人——保羅‧艾倫及史蒂夫‧鮑默爾，不僅為微軟貢獻他們的聰明才智，也貢獻他們的人脈資源。1973年，蓋茲考進哈佛大學，與現在微軟的CEO史蒂夫‧鮑默爾結為好友，並與艾倫合作為第一台微型電腦開發了BASIC程式設計語言的第一個版本。大三時，蓋茲離開哈佛，和好友保羅‧艾倫創建微軟，開發個人電腦軟體。合作夥伴的人脈資源使微軟能夠找到更多的技術精英和大客戶。1998年7月，史蒂夫‧鮑默爾出任微軟總裁，隨即親往美國矽谷約見自己熟知的10個公司的CEO，勸說他們與微軟成為盟友。這一行動為微軟擴大市場掃除了許多障礙。

我們在羨慕比爾‧蓋茲的成功時，也要向他好好學習一下利用中間人拓展人脈的方法。

比如，當朋友與別人交談時，你可以主動走上前去同朋友打聲招呼，說幾句客套話。在一般情況下，他會主動將他說話的對象介紹給你。如果他不介紹，你可隨便問一句：「這位是……」他告訴你後，便可與對方說點什麼，

但不要聊太長時間，這樣做不但會耽誤朋友的事情，對方也會認為你是個不禮貌的人。因此，簡單地說兩句之後，你應主動告辭，或者再加上一句：「回頭我們再聊，你倆先聊著吧。」

如果你去的場合是某公司或某人舉辦的活動，你可以主動請主人幫你介紹幾位朋友。如果人不太多，你甚至可以讓主人把你介紹給大家，然後你就可以與任何一位新朋友談話了。其他人以為你與主人關係親密，也會很高興認識你。如果你與主人關係一般，但他把你請來了，也就會對你的要求予以滿足，但你必須主動提出來。

透過「中間人」擴充人脈就像滾雪球一樣，雪球越滾越大，人脈越積越多，每一個新結交的朋友都可以成為「中間人」，為你介紹更多的朋友。

年輕人一定要學會這種方便快捷的方法，迅速擴充自己的人脈圈，為自己日後說話辦事做好鋪墊。

**總結**

誰都知道，沒有特殊關係，一般人不會主動將自己的朋友介紹給別人，尤其是在大家非常忙的時候。所以，想認識誰就要主動找熟人，請他給予介紹。

# 利用網路打通人脈通道

　　一個精通人脈投資的人應該「該出手時就出手」，將網路上的人脈通通裝進自己的「口袋」。今天，我們已經徹底步入了一個資訊化社會，資訊化社會的一個明顯特徵就是：網路漸漸成為影響很多人工作和生活中各個細節的重要因素之一，它將人們的社交範圍一下子擴大了很多。在這種環境下，人們對資訊的意識，對開發和使用資訊資源的重視程度越來越強。於是，人與人的聯繫方式也趨向於多樣化，Skepe、QQ、E-mail、MSN、BBS等，應有盡有。這些溝通方式的誕生，打破了人們常規的交往模式，也極大限度地縮短了人與人間的距離，使很多以前根本不可能的事透過網路都能夠很快地得到實現。

　　網路時代的到來，為我們帶來巨大便利的同時，也給我們帶來了最大商機，很多網路公司正是抓住了這一商機，應運而生。那麼，年輕人應該怎樣打通這條虛擬的人脈通道呢？以下幾種方法值得試試。

## 1. 利用Skype、MSN等簡單普遍的聊天工具

　　說起聊天工具，我們再熟悉不過了，像Skype、MSN

等，都是人們熟悉的即時通信工具。利用這類工具，我們可以十分便捷地搜索到多數我們想結交的人。例如你想認識做IT的人，你就可以透過即時通信軟體尋找「IT精英」，於是成千上萬的這樣的人便會出現在你的眼前。

這類通信工具簡單實用，而且方法簡捷，可以讓你在短短的幾秒內聯繫到在世界上其它角落的人。

### 2.讓E-mail為我們的人脈保存價值

電子郵件——E-mail是一種利用電子手段提供資訊交換的通信方式。隨著網路的應用和普及，用筆寫信的方式逐漸被E-mail所代替，E-mail是一種非常廉價而且快速的聯繫方式，幾秒鐘的時間就可以以豐富的表現形式將你想要表達的資訊傳送給世界上任何一個角落的用戶。所以，當你在忙碌、無暇顧及眾多的朋友時，不妨抽出幾分鐘的時間發幾封電子郵件，既愉悅身心，還能為你們的友誼保存價值。

### 3.BBS、Blog、個人網站這些地方不可忽視

大家知道「BBS」指的是網上論壇，在這些BBS裡往往高手如雲，藏龍臥虎。在論壇裡混久了，你會發現很多令人驚喜的東西。BBS就是這樣的一個平臺，它給分佈在五湖四海的朋友們一個無比暢快的溝通交往的機會，志同道合的人可以很迅捷地找到對方。

Blog也就是網誌或網路日誌或稱部落格,也是當下比較流行的一種網路交流方式。你可以透過建立自己的部落格彙集大量志同道合的朋友;可以更容易在網路這個大群體中找到對自己有利的人、對自己有利的資訊和對自己有利的機會。透過部落格這種物以類聚的生態方式與現實進行互動,你會發現部落格很像現實生活中的人際圈。

網站是指個人或團體因某種興趣、擁有某種專業技術、提供某種服務或把自己作品、商品展示銷售而製作的具有獨立空間功能變數名稱的網路空間。在網站裡你可以購買商品,出售自己的產品,與客戶或朋友進行交談達到盈利,達到集聚人脈的特殊功效。

對於網路,年輕人如若運用得好,便能廣結人脈、財源滾滾,讓自己一生受益無窮。

**總結**

「時勢造英雄」,至今已經佇立起許多靠網路起家的世界知名企業。而網路上的各種機遇,幾乎全部都是附著於網路上的隱形人脈提供的。

# 不放棄任何一個小人物

　　年輕人在拓展人脈時，除了那些「大人物」外，也不可忽視身邊「小人物」的作用。一些看似無足輕重的人物，在關鍵時刻，也許能幫上大忙，也有可能攔住你前進的去路。再者，今天的小人物難保日後不會時來運轉，成為炙手可熱的紅人。

　　清朝雍正皇帝在位時，按察使王士俊被派到河東做官，正要離開京城時，大學士張廷玉把一個很強壯的傭人推薦給他。到任後，此人辦事老練、謹慎，時間一長，王士俊很看重他，把他當做心腹使用。

　　王士俊任期滿後準備回京城。這個傭人忽然要求告辭離去。

　　王士俊感到非常奇怪，問他為什麼要這樣做。那人回答：「我是皇上的侍衛某某。皇上叫我跟著您到處觀察，您幾年來做官，沒有什麼大差錯。我先行一步回京城去稟報皇上，替您先說幾句好話。」王士俊聽後嚇壞了，好多天一想到這件事就兩腿直發抖。幸虧自己從來沒有虧待過

這人，要是對他有不善之舉，可能小命就保不住了。

這個例子告訴我們，千萬不可輕視身邊的那些「小人物」，跟他們搞好關係非常重要。這些人平時不會顯露出特別的地方或能力，但是到了關鍵時刻，說不定就會成為左右大局、決定生死的「重磅炸彈」。

所以，平常無論是說話還是辦事，一定要記住：把鮮花送給身邊所有的人，包括你心目中的「小人物」。不要總是時時刻刻表現出高人一等的樣子，要知道，再優秀的籃球運動員也不可能一個人贏得整場比賽，再有能力的人也不可能把所有的事情都辦好。

在經營管理中，人的因素至關重要，有了人才會有事業、有情義，同時也會帶來效益。俗話說：「不走的路走三回，不用的人用三次。」說不定有一天，你心目中的「小人物」會在某個關鍵時刻成為影響你的前程和命運的「大人物」。

常言道：「深山藏虎豹，田野隱麒麟。」更何況一百個朋友不算多，冤家一個就不少，越是小河溝，越可能翻大船。

在芸芸眾生之間，有著無數能夠在關鍵時刻大顯神通助你成功的「貴人」或陷你於困境的「小人」。

**總結** 在拓展人脈時，要隨時隨地地廣泛交往，重視身邊的「小人物」，多結善緣才行。記住，你平時花在「小人物」身上的精力、時間都是具有長遠效益和潛在優勢的。在不遠的一天，也許就在明天，你將得到加倍的報答。

# 坐坐頭等艙，尋找你的人脈

　　看過《鐵達尼號》的觀眾都爲小平民傑克和貴族小姐露絲的愛情所感傷。傑克贏得了船票，才得以登上鐵達尼號與貴族小姐露絲相遇。生活中，你要遇到你生活中的貴人，不去他們所在的頭等艙，又有什麼機會與他們相識呢？

　　有一個美國女人叫凱麗，她出生於貧窮的波蘭難民家庭，在貧民區長大。她只上過6年學，也就是只有小學學歷的程度，從小就做雜工，命運十分坎坷。但是，她13歲時，看了《全美名人傳記大成》後突發奇想，要直接和許多名人交往。她的主要辦法就是寫信，每寫一封信都要提出一兩個讓收信人感興趣的具體問題。許多名人紛紛給她回信。再一個做法是，凡是有名人到她所在的城市來參加活動，她總要想辦法與她所仰慕的名人見上一面，只說兩三句話，不給人家更多的打擾。就這樣，她認識了社會各界的許多名人。成年後，她經營自己的生意，因為認識很多名流，他們的光顧讓她的店人氣很旺。於是，凱麗自己

也成了名人和富翁。

　　凱麗是一個聰明人，她的聰明主要表現在兩個方面：
第一，她瞭解到憑藉自己的地位和經濟條件很難取得成
功，所以必須求助於貴人；第二，她知道要主動接近貴
人，並且知道到哪裡去尋找她的貴人。抓住寫信和名人做
活動的機會，她成功地實現了自己的目標。

　　凱麗的做法和「搭乘頭等艙」的做法是一個道理，這
就是所謂的「醉翁之意不在酒」。凱麗參加活動是為了結
識名人，人們搭乘頭等艙也是為了結識名流，而不是為了
活動和旅行本身。

　　因為搭乘頭等艙的乘客大都是政界人物、企業總裁、
社會名流，他們身上可能存在許多重要的資源可供你挖
掘。搭乘頭等艙就可以為自己搭建高品質、高價值的人脈
關係網，因為這裡出現「貴人」的頻率要遠遠高於其他場
所。

　　這樣的例子並不少見，有的人在短短幾個小時的飛行
中就談成幾筆生意，或者結下難得的友誼，這在經濟艙內
的旅行團體中是很難碰到的。

　　在現代社會，越來越多的人懂得了這個道理。所以，
讀MBA的人可能不是為了充電，考託福的人也未必想出

國，考司法的人不一定要當律師。許多人原本是爲了一張
證書而進入某個圈子，後來卻變成了融入某個圈子，順便
拿張證書。證書對於他們來說，彷彿已經不是一張許可
證，而更像是一張融入某個社交群體的會員證。

當然「搭乘頭等艙」的意思並不狹義地指出入高級場
所，也指找到貴人出現頻率最高的地方和最易接近貴人的
方法。

「搭乘頭等艙」的做法看起來很容易，但懂得這個道
理的人未必都能做到，這就需要掌握一些相應的要領了。

1.要捨得付出，不要計較一些「小帳」和眼前利益。
去乘坐頭等艙，出入一流地方，當然需要比較大的開銷，
但這筆開銷所帶來的利益和好處是顯而易見的。所以，如
果你總是捨不得手裡的一些小錢，便等於將自己與貴人的
圈子劃清了界限，縮小了自己的交際範圍。這樣的人恐怕
很難成就大事。

2.要歷練自己的風度和氣質，成爲一個舉止優雅、文
明大方的人，這樣在一個較高層次的圈子裡才能如魚得
水。這就是說要努力讓自己融進這個圈子，而不是被圈子
裡的人嘲笑，被這個圈子排斥。試問，一個在餐桌上表現
失態的人，怎麼可能與一位上層社會的貴人相談甚歡呢？

**總結** 不要表現得過於急功近利，無論你抱有什麼樣的目的，付出了多麼大的代價，結交貴人都不是一天兩天就可以大功告成的事。如果過於急切地表明自己的意圖，甚至不惜作出諂媚的樣子，那麼你將失去貴人對你的好感和尊重，得不償失。要學會為自己創造條件，這樣才能收穫更多的高品質人脈。

# 化敵為友，實現人脈的加法

　　多一個朋友就會多一條路，無論什麼身份的人都希望自己能夠有貴人相助，在關鍵時刻遇上熟人提攜。胡雪巖說「花花轎子要人抬」，就是這個道理。多一個朋友，就少一個陌生人，有時候甚至是少一個敵人。

　　但是有時候難免與人結仇，這時候，要學一學三國是時蜀漢大將蔣琬。

　　蔣琬做大司馬時，他與楊戲談論，楊戲有時不應答。有人就對蔣琬說：「您與楊戲說話而他不應答，他太傲慢了！」蔣琬說：「人的內心不同，各自像人的面孔一樣。當面順從，背後說相反的話，這是古人的告誡。楊戲想要贊許我對呢，那麼不是他的本心；想要反對我的話，那麼宣揚了我的錯誤。所以他沉默不語，這是楊戲為人直爽呀。」

　　另有楊敏曾經說蔣琬辦事糊塗，不如前人，有人把這話告訴了蔣琬，蔣琬說：「我實在不如前人，沒有什麼可追究的。」後來楊敏因事犯罪拘囚獄中，大家還擔心他一

定會死，而蔣琬內心沒有厚薄，楊敏得以免掉了重罪。

雖然蔣琬沒有很快將楊戲和楊敏兩人爭取為自己的密友，但他既往不咎、不責人過的做法，為他接替諸葛亮管理蜀漢贏得了很多人脈。在很多人只服諸葛亮的時期，這本身就達到了化敵為友的目的。

摩根是美國經濟發展史上一個重要的人物。他對美國經濟的發展有著不可磨滅的貢獻。他經過艱辛奮鬥，在強手如林的金融界站穩腳跟，成為紐約市華爾街第一號人物，榮登美國經濟霸主的寶座。1869年，摩根插手聞名的薩斯科哈那鐵路之爭，是化敵為友的典範。

薩斯科哈那鐵路是連接美國東部工業城市與煤炭基地的大動脈。它起於紐約州首府奧爾巴尼，到賓夕法尼亞州北部的賓加姆頓，全長220多公里，這條鐵路南接伊利鐵路，西達美國中部重鎮芝加哥，匹茲堡的鋼鐵和石油都可經此運抵紐約。所以，薩斯科哈那鐵路的戰略價值非常巨大，簡直就是條黃金之路。

1869年8月，圍繞這條鐵路的所有權問題，華爾街的投機家們展開了一場激烈的爭奪戰。爭奪是由在投機業上獨霸華爾街的年輕投機者喬伊‧古爾德發動的。為了奪取

薩斯科哈那鐵路，他聯合年輕力壯的吉姆·費斯克一起行
動。他們聰明地利用華盛頓的金融緊縮政策，在渥多維劇
場印刷虛有的公司交換債券，使鐵路半數左右的股份落入
自己手中，同時行賄司法人員，在薩斯科哈那鐵路股東大
會召開前，查封了薩斯科哈那總公司。紐約州法院同時下
令，免去薩斯科哈那鐵路總裁拉姆傑的職務。

　　拉姆傑決心雪此奇恥大辱，向摩根求救。摩根經再三
考慮後答應幫助他，條件是他要成為這條鐵路的股東。經
過周密協商，摩根透過官場運作，拉傑姆很快恢復了總裁
職務。但他們最擔心的是即將召開的股東大會，古爾德和
費斯克的慣用伎倆是以武力威脅股東，以實現自己控制公
司的目的。

　　果然，股東大會那天一大早，費斯克就帶著全副武
裝的侍衛氣勢洶洶地趕來。就在這時會場大廳入口傳來一
聲斷喝：「費斯克，不要動！」隨即四周冒出許多身著灰
制服的奧爾巴尼郡員警，費斯克呆若木雞。隨後，費斯克
被逮捕。由於費斯克被捕，古爾德破壞股東大會的計畫泡
湯，股東大會順利舉行。摩根被選為薩斯科哈那鐵路的副
總裁。

　　事後人們才知道，那些員警都是摩根雇來的，那戲劇
性的一幕完全是摩根一手導演的。股東大會後，摩根實際

上取代了拉姆傑，掌握了薩斯科哈那鐵路的實權。摩根所採取的第一個舉措就是：立即將薩斯科哈那鐵路出租給了特拉華‧哈得遜運河公司，而該公司正是古爾德的後臺老闆。這樣的結果的確讓人莫名驚詫，難道摩根和古爾德是一丘之貉，他要將已得利益拱手讓人嗎？

　　事實原來是這樣的：摩根首先清除了費克斯，從而使自己成為薩斯科哈那鐵路的股東，這樣他不但用減法消除了未來的競爭對手，而且用加法擴大了自己的利益；隨後他把鐵路租給對手的靠山，這樣就能化敵為友，表面看是減弱了自己的利益，實際上卻擴大了他的利益範圍，不至於樹敵太多，表面是減，實際是加。最後，他只是把薩斯科哈那鐵路看做戰略設計中的一顆棋子，摩根後來建立了龐大的金融帝國，並最終託管了包括古爾德及其老闆的鐵路在內的大量鐵路，自然而然地獲得了薩斯科哈那鐵路的經營權和所有權，結果，他把那條鐵路租給了自己。

　　摩根的過人之處就在於，他既消除了競爭對手，又沒有過分樹敵，而且籠絡了他的合夥人，使他自己成為最後的真正贏家。這種超越常人的謀略，讓人歎為觀止。正如《美國人物志》這樣評價：「摩根作為一個企業經營者，同當代最具有實力、擁有各種武器的金融資本家抗衡，他

獲得了勝利，由此奠定了馳騁於企業大舞臺的基礎，也開拓了他自己的人生。」

總結　　一般說來，誰是化解干戈的主動者，誰就會在日後的結交中佔據主動的位置。就像蔣琬和摩根一樣。在精神上，主動者就是領袖，而被動者是下屬。所以要把握好「鑄劍為犁」的時機，儘量不要讓對方先占了時機。

# 拓展人脈的六大策略

人脈存在的形式多種多樣，我們需要處處留心，運用好的方法，成功地將優質的人脈收入囊中並且時時管理。下面列舉出了六大人脈策略，學會了他們，會讓你在人脈的路上越走越順。

## 1. 選擇策略

街上、飯店餐廳、機場、公共汽車站、酒吧、舞會、朋友聚會，處處都有不少潛藏的人脈。不妨與人談上一兩個小時，一定可以學到一點東西。出差、郊遊也是搭建人脈的好機會。但是拓展人脈一定要有選擇戰略相助。結人際關係，交的是真情摯友，而不是狐朋狗友，要想結交關鍵時刻能助自己一臂之力的朋友，平時就得多給予和付出、接納和關心別人。長期累積下去，才能真正贏得別人的尊重和認同，才能在危難時得到人際關係的支援，這是拓展人際關係的要領所在。

## 2. 目標策略

建立「關係」最起碼的做法就是：不要與人失去聯絡，不要等到有事情時才想到別人。預定可以變通的目

標，試著每天打1～10個電話，不但要搭建自己的「人面」，還要維繫舊情誼。如果一天打5個電話，一個星期就有35個，一個月下來，更可到達一百多個。平均一下，您的人際網路中每個月大概都可能增加十幾個「得力人士」。

對於目標戰略的實施，每一個目標都不要放過。

大忙人雖不難覓，並不表示絕對無法接近。不必浪費時間在上班時間打電話給他們，這些人不是在開會就是在作報告，或是出差了。

要利用空檔，「拉關係」的高手認為傍晚六七點是這些忙人的「黃金時段」。祕書、助理等大概都走了，只剩下一些工作狂還捨不得走。此時是聯絡這些「貴人」最適當的時機。

總之，放開一點，不要以為位高權重者都是高不可攀的人物。只要抓住竅門和時機，就能聯絡到您目標中的每一個人。大凡有能力有地位的人幾乎都有層層的關卡，若能突破這些障礙，剩下的也就不攻自破了。

### 3.循序策略

生活中有這樣的人，剛剛認識別人，就迫不及待地大談他的偉大藍圖方向，積極尋找合作機會，結果弄得對方既沒興趣又尷尬。這類人太急於求成了，他忘了一條原

則：初識不宜言利。初次相識，盡量談一些雙方共同的話題，少談關係到自身利益的話題。熟了以後，再進一步也不遲。

若是揠苗助長、急於求成，只會使人離你越來越遠。你的積極進取在別人眼裡可能是「不擇手段」、「急功近利」的。有時候，還可能會使我們想親近的人紛紛逃之夭夭。

要想擁有真正有用的人脈，並不像「攻城掠地」或是來個「全壘打」一般，可持續發展的人脈，應該是久而穩的。正如一位著名人士所說：「我從不相信那些在三分鐘就跟我稱兄道弟的『朋友』。如果要聘用一個人來做重要的事，我一定要找信得過的人。」

### 4. 記錄策略

像寫日記一樣，數十年如一日，這可能不容易做到。然而如果有恆心、有耐力，一定「皇天不負有心人」。如果你很認真地在搭建自己的「關係」，認識的人一定不少。要追蹤成果、找出真正的「貴人」，不妨記錄每一次聯繫的情形。在記憶猶新的時候就要打鐵趁熱，如果等到日後再來補記，效果就大打折扣了。

記錄無需太過詳細，只需要記錄姓名、位址、聯繫方式、你的看法以及日後查找方法等要點即可。

要有收穫，一定要下不少工夫。但是，想到可以跟這麼多傑出的人士見面，也是在所不惜的。一旦習以為常，也就不以拓展「關係」為苦了，反而覺得樂意、刺激。

### 5. 誠信策略

人正、心誠、守義、守信，才能搭建人際關係。因此，要樹立「誠實守信」的公眾形象。否則，人際關係越廣，越是「臭名遠揚」，越來越多的好人脈會被你的誠信形象吸引，你的人脈庫中的資源自然是越來越多。

### 6. 互利策略

還有一點要提及的是，人際關係的最高戰略是互惠互利。有人深諳此道，經常主動幫朋友解決一些實際困難，增加自己的價值和被利用的機會。無疑，這肯定是利人利己的。

好好用心體會這六大策略，相信它們會讓你在拓展人脈的道路上事半功倍。

**總結** 俗話說得好，好的方法是成功的一半，生活中我們做任何事的時候，都應該講策略，在我們拓展人脈的時候也是如此。

# 第二章

# 發現身邊的貴人

年輕人想要成功固然要靠實幹，但有人僅有實幹一輩子也未必成功。這就是缺少「貴人」相助。

選貴人也一定要講究平衡藝術。

成功之路就像狡兔的洞穴一樣，永遠不會只有一條。

## 如何讓貴人青睞你

與那些背後社會關係總量大的人交往，這將是你最明智的做法。

# 拉開你的同鄉網

每個人都有同鄉，共同的人文背景、地理位置、風俗習慣使同鄉之間有一種天然的親近感。因此，出門在外，同鄉之間的感情是最深的。這也使鄉情成為同鄉之間無形的辦事資源。

2004年，溫州有名的印刷設備經銷商李方源決定移師南京，但是，怎麼在這個人生地不熟的地方展開業務呢？

李方源自然有他的辦法，這也是每一個浙江商人經商的套路。首先，他摸清一大批在南京經商的溫州人的下落，然後挨門逐戶地拜託他們為其承攬一點業務，拉開一張有幾百戶的「同鄉網」。然後，他利用全國各個私人企業工作會議在溫州召開的機會，在會場上結識了不少南京商客，尤其是與本行業有關的客戶。

最後，他開始在南京招兵買馬。

在推銷產品過程中，李方源又遇到了麻煩。由於多年前「溫州貨」品質低劣的負面影響在南京人心目中烙印很深，他的產品無法一下子讓南京人接受。但是，李方源並

不擔心，他只是耐心地等待機會。

機會終於被李方源等到了。

在全國印刷材料展銷會上，他請許多專家介紹他的產品，並給企業免費使用。透過這一招，國內的企業都知道了他的產品品質，在產品質優的聲譽下，產品的推薦就容易多了。現在，李方源的公司已經不再上門推銷了，他們的產品在南京已經有了良好的聲譽，客戶都會直接找上門來，公司也開始盈利了。


從開拓市場到盈利這個過程李方源所花的時間不到一年，這讓許多人感到有點不可思議。其實正是這種拓展人脈的能力，使得每一個浙江商人無論走到哪裡，都能夠很快在當地紮根、發芽直至開花、結果。

共同的人文地理背景讓同鄉有一種天然的親近感。但是該如何把握好這種親近感，讓自己在同鄉圈子裡如魚得水呢？不妨按照下面五個原則行動：

### 1. 確認同鄉資源，有效管理名單

一般人的人脈關係可以分成以下三種類型：個人網路（家人與朋友，或是與你最親近的人）、社會網路（公司的同事或是主管，鄰居或是一般朋友）、專業網路（專業協會、俱樂部等組織）。在你的人脈資源名單裡，應把

「同鄉」這一屬性作為重點屬性標注上去，比如個人的基本資料、興趣嗜好、專長、性格特質等。透過這份人脈資源名單，可以看出自己的人脈關係組合特性，以後溝通時可作為交往的突破口。

### 2.抓住同鄉中的機遇

現代城市的移民化程度相當高，在任何一個公司、任何一個級別、任何一個場所，都可能有你的同鄉。請培養你的同鄉親和力，嘗試著和任何人說話。要知道，即使是在街上碰到的陌生人，都有可能因為一句同鄉的攀談而成為你事業生涯的貴人。

### 3.與同鄉形成對話，確保良性溝通

「同鄉」可以是人際交往時良好的突破口，但在與同鄉溝通的過程中，應該注意以下四點。

（1）在交談中儘量尋找雙方地域上的交集，越近越好，這要求你對故鄉的地理位置和風俗習慣比較熟悉。

（2）不妨擴大地域概念的範圍，比如你們是鄰市、你的親戚與對方是同鄉等。

（3）要善於評價對方老家所在地，給予對方深刻印象。

（4）別忘記給他你的名片，名片就等於是你個人的行銷檔案，萬萬忘記不得。

### 4. 與同鄉勤聯繫

大學時期一般會有同鄉會，要善於利用前後幾個年級的同鄉資源。走出校門後，要積極尋找組織，拓展人脈。如時間、精力允許，應在此類組織中擔任義工。如果沒有合適的組織，可在網路上尋找相關組織。網路中的大型社區一般都有按地區分類的BBS、聊天室，可適當地涉獵、參與其中。

### 5. 不要急功近利，要用心經營

同鄉僅僅是交往的一個突破口，與同鄉的交往，不要抱以功利心態。與你是同鄉，並不意味著他就一定會幫你，重要的是與之建立長久的互惠關係，而非爲了特定的目的而進行交往。互利才是增進關係最重要的法門。從同鄉這一簡單的關係轉變爲可交往的朋友是一個持續的過程，也許這些人無法立即介紹工作機會給你、無法立刻給你幫上忙等等。但是記住：保持聯絡，互幫互助，就有機會。

**總結**　　一般人往往都有著強烈的鄉土觀念，身在陌生的環境中，年輕人拓展人脈有一定的難度，那麼不妨遵從以上所說的五個原則，從同鄉圈子入手，打開局面。

# 打造你的同學圈

對於同一個學校出來的校友而言，相互提攜的作用絕對不可以小覷。

同學資源作為個人人脈資源中的重要一項，必須有效加以運用，使每個同學都成為你生命中的貴人。

很多創業者的成功經歷告訴我們一個道理：有錢不如「有人」。

而在創業者的人際資源中，按其重要性來看，排在首位的就是同學資源。現在社會上同學會很盛行，各式各樣的同學會都有，據說其中有一個由金融投資家進修班學員組成的同學會，僅有200餘人，控制的資金卻高達1200億以上，殊為驚人。

週末的時候，到一些大學校園走走，會發現有很多看上去不像學生的人在裡面穿梭。其中有許多人是花錢從全國各地來進修的。學知識是一方面的原因，交朋友是更重要的原因。對於那些「成年人班」，如企業家班、金融家班、國際MBA班等班級的學生，交朋友可能比學知識更加重要，有些人唯一的目的就是交朋友。一些學校也看清了

這一點，在招生簡章上明白無誤地告訴對方：擁有學校的同學資源，將是你一生最寶貴的財富。

　　研究人員在研究了數千個創業者案例後發現，在許多成功者的身後都可以清楚地看到他們同學的身影，有的是少年時代的同學，有的是大學時代的同學，還有各種成人班級如進修班、研修班上的同學。

　　一位創業者曾說，他在創立公司前，曾經花了半年時間到企業家特訓班上學、交朋友。他開始的十幾件生意，都是同學之間做的，或是由同學幫著做的。同學的幫助，在他創業的起步階段起了很大的作用。

　　在這個缺乏誠信的年代，同學、朋友就成了人際關係中十分稀缺的人際網路了，同時，這也是維護成本最低的人際關係。

　　儘管同學中能成為知心朋友的不多，但能在關鍵時刻互相幫忙的卻不少。因為源於共同的經歷或學歷，很容易就產生信任感。即使平時不聯繫，必要時一樣可以找同學幫忙，而不必非得打著草稿拐彎抹角。

　　不過，經濟學中樸素的等值觀念恰恰是同學關係中的大忌。雖說同學是維護成本最低的人際關係，但利用和使用價值與感情深淺無關，與維護成本也無關。

　　與一般的純商業和純感情交往不同，介乎兩者之間

的同學關係更適合運用的是倍增法則（雙方都有受益的機會）。從「同學」含義由同窗、同班、同系擴展到同屆、同校，甚至更廣就可見一斑。或許，這就是同學關係較爲玄妙的一面吧。

既然我們都知道了同學圈子是人脈圈中的重要一環，那麼，畢業之後，如何維護好同學關係呢？

1.雖然彼此的工作領域不同，但可以將焦點對準目前的現狀。原則上，只要擁有進取心且正在奮鬥中的人即可。即使對方在學生時期與你交往平淡亦無妨，你必須主動地加深與其交往的程度。如果你很幸運地找到凡事均能熱心幫忙的對象，就更易與其建立良好關係了。

2.在運用前述的方法時，同時也可並用另一種方法，以擴大交往的範疇。這個方法是透過同學錄上的工作性質來加以取捨，再展開交往。

如果，你在學生時期不太引人注目，想必交往的範圍也很有限度。然而，現在你已大可不必受限於昔日的經驗，而使想法變得消極。因爲，每個人踏入社會後，所接受的磨煉是不相同的，絕大多數的人會受到洗禮而變得相當注意人脈資源的重要性，因此即使與完全陌生的人來往，通常也能相處得好。由於這種緣故，再加上曾經擁有的同學關係，你完全可以重新展開人脈資源的塑造。

**總結** 不論本身所屬的行業領域如何，應與最易聯絡的同學（初中、高中、大學等）建立關係。然後，從這裡擴大交往範圍。學會多運用同學身邊的人脈資源，來為自己的成功找到助力。

# 找個貴人為自己造勢

　　年輕人想獲得成功，固然要靠實幹，但有人僅有實幹，一輩子也未必成功。這大約就是缺少「貴人」相助。「背靠大樹好乘涼」，在大樹繁茂的枝葉蔭蔽下，少了許多風雨冰雹的打擊，為自己的成長贏得了難得的時間與機會。

　　「大樹」可能是身居高位的人，也許是令掌權人物崇敬的人。這樣的人經驗、專長、知識、技能等在某個行業裡「名聲」響，影響大。靠住這樣的大樹，有時可以省很多力。

　　李鴻章早年屢試不第，「書劍飄零舊酒徒」，他一度鬱悶失意，然而幸運的他遇到了一棵大樹──湘系首腦曾國藩，從此他的宦海生涯翻開了新的一頁。

　　李鴻章拜訪曾國藩，牽線搭橋的是其兄李瀚章，李瀚章是曾國藩的心腹，當時隨曾國藩在安徽圍剿太平軍。有了這層關係，曾國藩把李鴻章留在幕府，「初掌書記，繼司批稿奏稿」。李鴻章素有才氣，善於握管行文，批閱公

文、起草書牘、奏摺甚為得體，深受曾的賞識。

有一次曾國藩想要彈劾安徽巡撫翁同書，因為他在處理江北練首苗沛霖事件中決定不當，後來定遠失守時又棄城逃跑，未盡封疆大吏守土之責。曾國藩憤而彈劾，指示一個幕僚擬稿，總是擬不好，親自擬稿也還是擬不妥當，覺得無法說服皇帝。因為翁同書的父親翁心存是皇帝的老師，弟弟是狀元翁同龢。翁氏一家在皇帝面前正是「聖眷」正隆的時候，而且翁門弟子佈滿朝野。

怎樣措辭才能讓皇帝下決心破除情面，依法嚴辦，又能使朝中大臣無法利用皇帝對翁氏的好感來說情呢？曾國藩不解，大費躊躇。

最後，李鴻章巧妙地為他解決了問題。奏稿寫完後，不但文意極其周密，而且有一段剛正的警句，寫道：「臣職分在，例應糾參，不敢因翁同書之門第鼎盛，瞻顧遷就。」這一寫，不但皇帝無法徇情，朝中大臣也無法袒護了。曾國藩不禁擊節讚賞，就此入奏，朝廷將翁同書革職，發配新疆。透過這件事，曾國藩更覺李鴻章此才可用。不久，在曾國藩大力推薦下，李鴻章出任江蘇巡撫等職，踏上了一條嶄新的人生道路。

李鴻章的事例告訴我們：要想在人生旅途中獲得成

功，一棵堅實的大樹是你應該努力去靠攏的，要不惜任何代價求得他青睞有加。在現實生活中，這樣的「大樹」，也許就是你的師傅、教練、頂頭上司。不論在什麼行業，把年輕人「扶上馬再送一程」向來是傳統，這種情況在體育界、演藝界、政界更是如此。不過，如果一個人一無所長，是很難得到「大樹」賞識的。即使僥倖獲得高位，也肯定有一堆人等著看笑話。「大樹」也會比較謹慎，選擇一個「扶不起的阿斗」，那不明擺著往自己臉上抹黑嗎？

正所謂「伯樂相馬」，同時「良禽擇木」，所以雙方最好各取所需，以誠相待，投桃報李，這樣才對彼此都有好處。

**總結** 沒有背景來頭，沒有靠山撐腰，不是名門之後，憑自己嶄露頭角是很困難的。「背靠大樹」固然不是成功的唯一因素，卻一定可以讓你少走彎路、錯路，讓你少費力氣，少做無用功，從捷徑走向成功。

# 攀龍附鳳有何不可

在結交朋友的時候，我們一定要擦亮自己的眼睛，盡量結交這樣的人：他是交際達人；他交友遍天下；他關係密如蜘蛛網，走到哪裡他都會受到熱烈的歡迎。概括地說，這樣的人就是那種背後社會關係總量很大的人，他有著層層的關係網絡，因此無論做什麼事，他都能易如反掌、舉重若輕。

這種人正是我們急需結識的，一旦你認識了這樣的一個「龍鳳人物」，並且跟他相處很好，那麼他的朋友便是你的朋友，他的關係便是你的關係，他的關係總量也可以成長為你的關係總量。從這個角度來講，這種人是人脈中最有價值的一種人。而這種人，也正是我們千方百計要結交的人。

當然，這種社會關係總量很大的人，一般都是有身份、有地位的人，很難與之相識。但是反過來說，困難總是有的，有沒有真正的能耐結識這些人才是關鍵。有很多人總是能夠成功地「攀龍附鳳」，結交到那些社會關係總量很大的人，然後他們就真的「雞犬升天」，成為大人

物。

　　許飛就是這樣一個從幼稚無知的大學生，「雞犬升天」跨入成功者行列的。

　　當許飛還是剛畢業的大學生時，就來到北部闖蕩。年幼的他跟很多初來北部的年輕孩子一樣，滿心幻想但又總是無處下手。但是在一次偶然的機會中，他結識了某外商銀行副總裁董先生，這是他創業的成功開始。

　　原來，許飛在台北租的房子是董太太的，而董太太又恰好是許飛的同鄉。許飛與董太太都是健談的人，一回生二回熟，他們就熟識了。談論的話題也更加隨意，從人生到事業，小到生活中的各個細節。透過他們漸漸深入的交談，許飛逐漸獲得了董太太的欣賞和信任。再經過董太太的推薦和美言，董先生也表現出了對許飛的欣賞和信任。所以，當後來許飛說到自己對未來事業的期許和打算，準備創業但資金極其困難之際，董先生很快為他籌集了大筆資金，從而使他的創業如魚得水，一舉成功。

　　正是透過結交社會關係總量大的董太太，許飛一個剛剛畢業的「新鮮人」才能與身為外商銀行副總裁的董先生相識，並獲得董先生的幫助。雖然這只是一種巧合，但這

次巧合撐起了他人生的重大事業，這不得不讓人慨歎：一個社會關係總量大的人的力量是多麼驚人！

　　結交社會關係總量大的人，其實很多時候是借助社會交際的交叉性。在現實生活中，我們每個人擁有的交際資源都是有限的，你能夠花在人際交往中的時間、經歷、金錢等資源也是有限的。那麼，如何才能最快、最有效地結識到儘量多的高品質朋友，營造更廣闊、更有價值的社會交際網呢？很簡單，與那些背後社會關係總量大的人交往，這將是你最明智的做法。這種方法可以使你在較短時間內快速擴充你的社會資本總量，最大限度地增加你人生博弈的籌碼。

**總結**　攀龍附鳳是聰明人的選擇，是我們社會交際的一個目標。唯有多認識這樣的人，才能對我們的事業有著推波助瀾的作用，產生積極的影響，從而讓我們少走彎路，直入捷徑！

# 尋找貴人的捷徑

　　生活中，任何人都希望能夠借貴人之勢，為自己求得某種利益。但是，貴人分許多種，他可能是政界名人，也可能就是你身邊的領導上司，而你的目標也有許多種，或許為名，或許為利，又或許是為了生活中迫切需要解決的問題。

　　那麼如何才能攀附上這些貴人，得到他們的幫助呢？其實這也是有捷徑可循的，年輕人要把握住以下五種方式：

### 1. 攀附貴人，首先要讓貴人認識你，引起他的注意

有這樣一個故事：

　　宋朝有人假造韓國公韓琦的信去見蔡襄，蔡襄雖然有所懷疑，但是他性情豪放，就送給來者三千兩銀子，寫了一封回信，派了四個親兵護送他，並帶了些果物贈送給韓琦。這個人到京城後，拜見韓琦，承認了假冒的罪責。韓琦緩緩地說：「君謨（蔡襄字）出手小，恐怕不能滿足你的要求，夏太尉正在長安，你可以去見他。」當即為他寫

了封引薦信。韓琦的子弟對此舉表示疑惑不解，覺得不追究偽造書信的事就已經很寬容了，引薦的信實在不該寫，韓琦說：「這個書生能假冒我的字，又能觸動蔡君漠，就不是一般的才氣呀！」這人到了長安後，夏太尉竟起用他做了官。

冒名頂替，在古代是有殺頭之罪的，雖然這一招夠險，可是這個人有膽有識。他冒死結識貴人，進入貴人的視線，得到了貴人的欣賞和提拔，總比自己一步一步地往上爬省勁得多。

### 2.要得到貴人的重視和關愛，就必須採取主動

俗話說：「老實人吃啞巴虧，會哭的孩子有奶吃。」在同等條件下，兩個同事工作都努力認真，業績也不相上下。但在升遷時，一個「有苦難言」對老闆只提了一次要求，雖然自己結婚好幾年，三口人擠在一間破舊的平房裡，希望老闆能照顧自己；另一位卻三天兩頭地找老闆訴苦，有空就撥撥老闆腦子裡面升遷的那根弦，結果被優先考慮，而他的那位老實的同事只能眼巴巴地看著他升為經理，薪水也加了不少。

有些人認為向老闆要求利益，會影響自己在其心目中的形象，因此只會埋頭苦幹，但事實上，老闆也會把手中

的利益作爲一種籠絡人心、激勵下屬的手段。只要自己盡心盡職地做好本職工作，採用合適的方法主動爭取老闆的幫助，不但能解決自身的實際問題，還能夠加深與老闆的關係。

另外，和貴人攀關係，求老闆辦事，一定要掌握分寸，只有關係到你切身利益，而又不影響對方面子的事才有可能得到幫助。

### 3. 要想套牢貴人，就要投其所好

依靠貴人辦事，如果能得到對方的認可，做起事來自然如同順水行舟，省心省力的同時，也更容易達到自己的目標。所以，在瞭解貴人的基礎上，投其所好，主動逢迎，這是一舉兩得的好事，一來博得了貴人的賞識，迎得了貴人的歡心，讓貴人喜歡你；二來得到了貴人的相助，這才是真正的目的所在。

但是，投其所好、結交貴人，也是要講究技巧的。投其所好無外乎兩種方式：以物予之，以情感之。第一種主要是指根據貴人的喜好贈送禮品。送禮品時一定要注意，不能選太過昂貴的，不能送得太頻繁，只能偶爾爲之。第二種是指把握貴人的心理、興趣愛好，從情感上接近他。以情感之就要注意把握火候、分清眉高眼低，否則就容易引起他的厭煩，讓他把你歸到諂媚的類別中去。

另外，讓你的討好合情合理。投其所好的最高境界，就是讓你的行為看起來合情合理，不露一絲討好的痕跡。比如買的禮品說是別人送的，自家用不上，陪人下棋說是自己有棋癮等，這樣別人既領了你的情，又不會覺得你太急功近利。

### 4.適當恭維讓貴人樂於助你

貴人也是人，自然也有普通人的弱點。因此，適當恭維也能起一定的作用，選擇正確的恭維方式對於找貴人辦事來說，甚至能有著決定性的作用。

一定要採取恰當的恭維方式，要清楚地掌握貴人的喜好，投其所好，在其心情愉悅的情況下，尋找合適的契機，把你的要求提出來，這樣才容易把事辦成。擁有貴人的幫助，再難辦的事也會變得水到渠成。

### 5.對付難纏的貴人要以柔克剛、出奇制勝

以柔克剛是最高明的攀靠藝術。幽默大師林語堂曾說過：「中國是女權社會，女人總是在暗地裡對男人施加影響，左右著男人的心理情緒和處世態度，無形中便決定了事態的發展。」因此，依靠貴人時，走「夫人路線」也不失為一條妙計。除此之外，我們還可以透過貴人的父母、孩子對貴人施加影響，親情的作用有時是不可估量的。因為相比較之下，老人、小孩更容易接近，且透過老人、小

孩可以達到融洽全家的目的。當你與貴人的長輩、孩子打成一片時，你想攀靠的貴人也會非常高興，拉近距離，再靠上去就不難了。

**總結** 利用貴人必須講究方式。對不同的人採取不同的策略，對不同的事也要將問題具體分析。靈活處理，善於變通，才能更好地靠住大樹，攀附貴人。

# 找貴人也要對症下藥

　　莫爾先生是一位美國商人，他看中了中東石油帶來的利益，於是便移居沙特。

　　莫爾移居沙特後，人生地不熟，一連在幾個地區，他都沒能獲得石油開採權。如果向沙漠縱深開採，必須得到當地政府的特批許可。透過一名外國朋友，莫爾認識了一位王子。莫爾得知，王子喜歡槍支，他便特地從德國高價買來鑲有鑽石的手槍和無彈殼的新式衝鋒槍相贈。哪知王子無動於衷，因為給他送槍的人太多了。

　　隨後，莫爾在法國購進一輛賓士6005型防彈車，王子雖然收下了禮物，但也沒有多少特別的表示。不久，莫爾又從非洲買來幾頭獅子，送到王子的私人動物園。最後，莫爾為王子訂製了一架小型豪華客機，將訂單送到王子手裡，並說明了自己的意圖。

　　王子問莫爾：「你送我的禮物都很值錢，既然你這麼有錢，為什麼還想著地下的石油？莫爾說：「為陛下送禮物，我已負債累累。」王子說：「難得你這麼專一和誠心，我就給你想個辦法吧。」終於，莫爾拿到了沙漠深處

的石油開採特批許可證。

　　貴人能給予我們提攜和幫助，所以找到貴人是很重要的，但需要注意的是，找「對」貴人才是重中之重。

　　「對症下藥」是醫學詞彙，指根據病人的不同症狀來開藥才能夠保證藥到病除。我們找貴人也要遵循這個道理，根據自己的需要，找到能為自己辦事的貴人，正如例子裡的莫爾要得到石油的開採權，就必須討得王子的歡心一樣。

　　在你遇到棘手之事的時候，可能身邊會有幾位貴人可以幫你的忙或者你可以透過關係網絡找到幾位貴人，但是究竟哪一位貴人來辦這件事能收到最佳效果，就需要你用心思考、反覆思量了。

　　一個偏僻的小學破爛不堪，校長多次按規矩層層請示撥款事項，卻始終沒有結果，無奈之下，決定向本市木材廠的廠長求援。校長之所以打算找該廠長，是因為這位廠長重視教育，曾捐款一百萬元發起成立「獎教基金會」。

　　遺憾的是，該廠經營出現了一定的困難，校長深感希望渺茫，但也只好「背水一戰」了於是，校長敲開了廠長辦公室的門。

校長開門就誇：「廠長，我近日在開會時聽到教育界同仁對您的稱讚，實是欽佩！今日途經貴公司，特來拜訪。」廠長說：「不敢當！過獎了。」

校長又說：「廠長您真是一位有遠見卓識的人，首創『獎教基金會』，不但在本市能實實在在地支持教育事業，更重要的是，您的思想影響很大。『獎教基金會』由您始創，如今已由點到面，由本市到外市，甚至發展到全國許多地區，真可謂香飄萬里……」

校長緊緊圍繞廠長頗感得意之處，從各個方面予以充分肯定，誇得廠長滿心歡喜。此時，校長訴說了自己的「無能」和悔恨：「身為校長，明知校舍搖搖欲墜，危及師生的生命安全，卻毫無良策排憂解難。要是教育界老闆都能像廠長您這樣，支援教育，只要撥十萬元錢就能卸下我心頭的重石，可是至今申報十幾次，仍不見分文。」

這時，廠長的臉上立刻起了微妙的變化，沉默了一會兒，然後說：「校長，既然如此，你就不必再打報告求三拜四了，十萬元我捐獻給你們。」校長聽完後，緊緊握住廠長的手，滿意地笑了。


這個事例告訴我們：尋找貴人時要「對症下藥」，即首先找到自己遇到問題時的「癥結點」，然後根據自己需

要的說明找到合適的人，比如需要資金要找有錢的商人，需要職務改變要找人力資源管理方面的高手，這樣做才不至於緣木求魚，找錯方向。

結交貴人也要瞭解他們，根據貴人的為人來與之相處，比如有時需要給貴人送禮，就要留心他們的喜好，如果貴人是一位高雅、有藝術細胞的人，送禮可送古籍字畫；如果貴人愛錢，視錢如命，則不妨直接以利益相示。

要想做到以上兩點，就需要較強的分析問題和識人的能力，只有把自己的問題分析清楚，把自己的貴人看透，才談得上「對症下藥」，所以培養自身的這兩種能力是重中之重。

**總結** 找到一個不合適的貴人，只會空賠人情，對事情的解決沒有用處；找到一位勉強合適的貴人，可能會將事情辦好，但你要為這種「可能」提心吊膽，因為他沒有辦成的把握，更糟糕的是，最終事情可能辦得不那麼如意；只有找到最合適的貴人，像莫爾先生找到中東王子那樣，才能將事情辦得精彩、漂亮，超出尋常的好。

# 如何讓貴人青睞你

　　有時候，貴人的好惡會決定一個人一生的命運，得不到貴人的器重，就失去了許多機會。只有成為貴人信得過的自己人，才能得到器重，求其辦事也就理所當然了。而如何得到貴人器重就有許多玄機。

## 1.成為貴人的「自己人」

　　忠誠對貴人來說更為重要，比如一些公司的司機都是老闆的「自己人」，如果不是自己人，一些在車上的談話，辦的一些私事被說出去，會造成一定的影響。因此，要成為貴人的「自己人」，就要經常用行動或語言來表示你敬重他、值得他信賴。老闆在工作中出現失誤，千萬不要持幸災樂禍或冷眼旁觀的態度，這會令他極為寒心。能擔責任就擔責任，不能擔責任可幫他分析原因，為其開脫。此外，還要幫他總結教訓，多加勸慰。

　　持指責、嘲諷的態度則會把關係搞僵，使矛盾激化。那樣，你就再不要指望貴人喜歡和器重你了。

　　如何做一個使貴人喜歡的人呢？

　　第一，要忠於貴人，向貴人請教，才意味著「孺子可

教」，而不能在貴人面前吹牛皮，與貴人計較個人的利益得失。

第二，要在關鍵時刻爲貴人挺身而出，把功勞讓給貴人，而不可張揚你對貴人的善事。

第三，與貴人交談時，不可鋒芒畢露，不要在背後議論貴人的長短。

### 2.不要急功近利

好的東西，每一個人都喜歡，越是好吃的東西，越是捨不得給別人，這是人之常情。要是你有遠大的抱負，就不要斤斤計較成績的獲得你究竟佔有多少份，而應大大方方地把功勞讓給你身邊的人，特別是讓給你的貴人。這樣，做了一件事，你感到喜悅，貴人臉上也光彩，以後，少不了再給你更多的建功立業的機會。否則，如果只會打眼前的算盤，急功近利，則會得罪身邊的人，將來一定會吃虧。

### 3.要學會表現自己

常言道，疾風知勁草，烈火煉真金。在關鍵時刻，貴人會真切地認識與瞭解你。人生難得機遇，不要錯過表現自己的好機會。當某項工作陷入困境之時，你若能大顯身手，定會讓貴人格外器重你。當貴人本人在思想、感情或生活上出現問題時，你若能妙語勸慰，也會令其格外感

動。

### 4. 要學會交談

讚揚不等於奉承，欣賞不等於諂媚。讚揚與欣賞貴人的某個特點，意味著肯定這個特點。只要是優點、是長處，對集體有利，你可毫無顧忌地表示你的讚美之情。貴人也需要從別人的評價中，瞭解自己的成就以及在別人心目中的地位，當受到稱讚時，他的自尊心會得到滿足，並對稱讚者產生好感。你的聰明才智需要得到賞識，但在他面前故意顯示自己，則不免有做作之嫌。貴人會因此認為你是一個恃才傲慢、盛氣凌人的自大狂，而在心理上覺得難以相處，彼此間缺乏一種默契。

### 5. 要與貴人保持一定距離

一般貴人不願跟別人關係過於密切，主要是顧忌別人的議論和看法，再來就是他在你心目中的威信。

同時，任何貴人在工作中都要講究方法，講究藝術，講究一些措施和手段，如果你把一切都知道得一清二楚，這些方法、措施和手段，就可能會失敗。

和貴人保持一定的距離，需要注意哪些問題呢？

首先，保持工作上的溝通、資訊上的溝通，以及感情上的溝通。千萬注意不要窺視貴人的家庭祕密、個人隱私。應瞭解貴人在工作中的性格、作風和習慣，但對他個

人生活中的某些習慣和特色則不必過多瞭解。

　　他是上級，你是下級，他當然有許多事情要向你保密。有一部分事情你只應是知其然而不知其所以然。所以，千萬不要成為你的貴人的「顯微鏡」和「跟屁蟲」。

　　和貴人保持一定的距離，還有一點需要注意的是，要注意時間、場合、地點。有時在私下可談得多一些，但在公開場合、在工作關係中，就應有所避諱，有所收斂。

　　和貴人保持一定的距離，還有一個很重要的方面，就是接受他對你的所有批評，可是也應有自己的獨立見解；傾聽他的所有意見，在發表自己的意見時要有所選擇。也就是說，不要人云亦云。

　　如果做到了以上這些方面，那麼，你求貴人辦事時將會多出幾分把握。

　　**總結**　和貴人要保持一定的距離。應注意瞭解貴人的主要意圖和主張，但不要事無大小，瞭解到他每一個行動步驟和方法措施的意圖是什麼。這樣做會使他感到你的眼睛太亮了，什麼事都瞞不過你，這樣他工作起來就會覺得很不方便。

# 從貴人的身邊人入手

　　想要結交貴人，一定要記住史坦芬・艾勒的一句話：
「把鮮花送給『實力人物』身邊的人，即使他們看起來只
是你心目中的小角色。」哪怕他們只是一個小小的祕書、
一位家庭主婦，甚至是尚未成年的小孩子，也不要放過結
交和討好他們的機會。有了情意和信任，自然會帶來效
益。說不定，這些「小角色」會在某個關鍵時刻影響你的
前程和命運。

　　古往今來，與大人物見面的機會都是很難得的，但
是，他們的朋友、親屬或工作中的助手，都是你走向成功
的踏腳石。

　　如果他們能幫你在「實力人物」耳邊說上幾句好話，
那真是很榮幸也很珍貴的。當你結識了某位「實力人物」
的身邊人後，就一定要把握住他，用盡方法得到他的支
持。

　　麥凱小時候，他的父親就教育他說：「麥凱，如果
你想成功，從現在開始，你要關心自己所見到的每一個

人。」從那以後，麥凱見到的每一個人，他都很關心——先把名字記下來，然後再瞭解他的其他情況。到了對方的生日，他會送上祝福的卡片，到了對方過結婚紀念日，他就寄去一束玫瑰以表心意。後來，他為此設計了一個系統，叫做「麥凱66檔案」，表示每個人有66個空格的問題，可以記錄包括姓名、性別、年齡、生日、星座、血型、嗜好、學歷等各種資訊，甚至包括他的工作和情人的相關資訊……

有一次，麥凱去拜訪一個大企業的老闆，希望說服這位老闆來買他的產品。可是不管麥凱怎麼說，這個老闆都不肯買。麥凱還在他的66檔案上更新了記錄，並且不斷地和這個老闆保持聯繫。有一天，他得知這個老闆去了醫院，原來是老闆的兒子出了車禍。他馬上翻開檔案，一看老闆的兒子12歲，崇拜籃球明星麥克‧喬丹。

麥凱的人緣頗好，他正好認識麥克‧喬丹所在的公牛隊的教練，麥凱買了一個籃球，寄給公牛隊的教練，並拜託他請喬丹和全體球員簽了名。公牛隊的教練將簽好名的籃球寄給了麥凱。麥凱把籃球送到了醫院裡，小男孩一看籃球上有喬丹的簽名，興奮得睡不著覺。

老闆來看他的兒子時，兒子正高興地抱著球坐在那裡。老闆問道：

「兒子，你怎麼不睡覺？」

他說：「爸，你看這是什麼？」

老闆一看就問：「這是喬丹的簽名籃球，你怎麼會有？」

「是麥凱叔叔送給我的。」他興奮地答道。

老闆一聽，說道：「麥凱，就是想賣給我產品的那個人吧？我一直都沒有買過他的產品啊。」

這時，兒子說了這麼一句話：「你應該買麥凱叔叔的產品，他這麼關心我，你也應該關心他才對啊！」

第二天，老闆就找到了麥凱，專門向麥凱道謝，並向麥凱訂購了大量的產品。

麥凱的工作是銷售產品，然而誰能想到，他透過賣產品，結交到了美國政界、新聞界、體育界的知名人物，還能讓他們對他產生一種佩服的感覺。要知道，有些人並不是心甘情願地做你的貴人，這就要想辦法，讓他行也得行，不行也得行。麥凱是個聰明人，很會想辦法，他先從「實力人物」的身邊人入手，使寶貝兒子能在父親大人面前美言，疼愛兒子的爸爸自然就成了他的貴人。

要想從貴人的身邊人入手，最基礎的工作就是掌握他們的社會關係。現代媒體經常關注一些「實力人物」的情

況，你從中會瞭解一二。你可以從他的歷史上認識他的過去，他的經歷，甚至他的祖輩、父輩，然後從他的親屬、他的朋友、他的子女等「小角色」人手中，取得他們的信任與支持。那麼，「實力人物」幫你呼風喚雨，甘當你貴人的日子將指日可待。

**總結**

現在的社會，並不是每個人都能結交上權貴，即使有幸結交，也不見得能得到他們的「貴人相助」。然而，結交那些「實力人物」的身邊人並沒有太大的難度，得到了他們的信任，就相當於接近了「實力人物」他們總會在出現某個時機時為你賣力，為你進上美言。所以，在交際應酬過程中，千萬不能忽視權勢的「身邊人」。

# 借助老闆這座靠山

與老闆相處是我們平時生活中的一部分。老闆一般高高在上，如果能搞好與老闆的關係，借助老闆這棵大樹，無疑對我們事業的發展有很大的幫助。那麼如何去攀附老闆的高枝呢？這就需要我們平時注意以下幾個問題：

**第一，瞭解和掌握上級的身世和社會關係網。**

任何一位上級都有自己的人情關係網。這個「網」的形成與他的身世和人生經歷有直接的關係。要想與他攀附關係，必須先暗地裡多留心和注意他的身世和社會關係網，包括他的同鄉關係、親屬關係、朋友關係、同學關係、上下級關係，等等。掌握了這些關係之後，鑒於直接與某上級建立關係多有不便，則可曲線救國、另闢蹊徑，設法同一兩位與這位上級關係甚篤的人建立關係。這樣，在必要時，便可以借助這些關係的力量使上司同意你的請求，幫你辦事。

**第二，要循循善誘、動之以情。**

攀附關係不是生拉硬套，本來沒有親戚關係，偏偏七拐八繞，硬說有親戚關係；或者本來與上級的某位朋友無

甚關聯，偏偏鼓吹自己與人家情深義重，如此這般，很容易引起上級的厭惡和鄙視。所以，與上級拉關係，要循循善誘、順理成章、委婉自然，讓上級感受到雖是不經意地提起，卻一語中的，牽動著上級的舊情，甚至讓上級陷於對舊情、舊事的沉湎中。如果能把與上級的關係攀附到這份上，那麼還何愁上級對你託辦的事情袖手旁觀呢？

**第三，適時地使用一些手段。**

作為上級，居高臨下，下邊常有溜鬚拍馬、曲意逢迎的人時刻尋找巴結上級的機會，因而與上級攀附關係也存在著一種畸形的競爭關係。那麼，怎樣在這種不可告人的競爭中取勝呢？有經驗的人告訴人們，必要時可以使用一些手段，因為任何一位上級都自覺或不自覺地處在錯綜複雜的社會矛盾中，這矛盾有的是對他有利的，有的是對他有害的；有的是他自己一目了然的，有的是他無從覺察的。那麼，你為了攀附於他，就應該認真關注這些矛盾的風吹草動，一旦有什麼特殊情況或特殊機遇，便可透過告密、協調或委婉干預等手段隨即成為上級的心腹之人，既成其心腹了，還何愁你有事他不幫忙呢？

另外，求老闆辦事時如果能贏得他的理解，辦事就更容易了。

那麼，怎樣獲得上級的理解和支持呢？你必須遵守如

下幾點：

## 1. 把握好時間

要在上級閒暇的時候與上級會面談事。上級忙的時候，心情容易煩躁，不但不把你提出的事記掛在心上，甚至還會怪你不會看臉色。如果在上級時間寬裕的情況下會談，上級有一定耐心聽，問題可能會得到重視，因而也就更有利於把事情辦成。

## 2. 注意場所和環境

找上級談事要考慮會談的場所和環境。有的事要到上級的辦公室裡談，有的事要到上級的住所裡私下談，有的事談得越詭祕越有效果，而有的事越是有旁人聽到越對成事有利。所以，這奧妙就在於你所要求辦的事的分量和利害關係以及某位上級的脾氣秉性。

## 3. 講究話題的引入方式

找上級辦事要講究話題的引入方式。有的需要直來直去、開門見山地和盤託出；有的則需要循循善誘、娓娓道來或者漸入佳境，否則便讓上級感到唐突、冒失、刺耳、煩心。

## 4. 適時地「捧」他一番

人性的弱點決定了人是最禁不住恭維的生物，對上級來說也是如此。你求他幫忙辦事，恭維他是理所當然的，

你恭維了他，他也反過來恭維你和重視你，得到恭維的人是不會放著對方的難題不管的。

　　只要做到了以上幾點，相信你要託上級辦的事，很容易得到上級的理解和支持，那時，上級多半不會讓你失望。

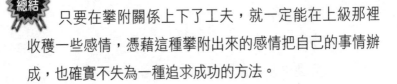

　　只要在攀附關係上下了工夫，就一定能在上級那裡收穫一些感情，憑藉這種攀附出來的感情把自己的事情辦成，也確實不失為一種追求成功的方法。

# 別讓貴人擦肩而過

　　許多人都知道「貴人」對於自己的意義，可是他們總是陷入這樣一種怪圈──一邊苦苦地尋找著自己的貴人，一邊卻與自己的貴人擦肩而過。

　　須知，貴人臉上是不會寫字的。生活中，我們應該珍惜每一次與人交往、為自己積德積福的機會，別讓陌生的貴人擦肩而過。

　　在紐約富人區的一座豪華別墅裡，有一位女士幾乎擁有任何人夢寐以求的一切：美貌、財富、地位、名望，以及溫馨的婚姻。但她同時也有一個任何人都不願接受的遺憾：她的女兒罹患了一種會致命的病，求醫遍及全美，均無良策。

　　她無奈而又十分悲傷地看著死神一步一步地走近女兒。

　　有一天，女士看到一則報導：一位瑞士名醫要來美國講學。此人對她女兒患的那種病頗有研究，雖然未必能手到病除，卻使這位傷心的母親心中重新升起了希望。

她不停地打電話，寫信，託人，懇求名醫幫幫她的女兒，但沒有任何回應。這也難怪，對一個家庭來說，孩子的生死是頭等大事，而對一位名醫來說，有比這更重要的事。全世界有那麼多需要救助的人，他怎麼可能為某個人隨意更改自己的工作計畫？女士深知這一點，她的心情變得越來越焦慮沮喪。

　　一個大雨傾盆的下午，女士坐在床前，一面安撫在痛苦中呻吟的女兒，一面暗自哀歎自己的不幸。她寧願在美貌、財富、地位、名望中失去一兩樣東西，也不願失去自己心愛的女兒。

　　這時，有人敲門。她極不情願地打開門，看見一個又矮又胖、衣服濕透、樣子很狼狽的男人。他說：「對不起！我好像迷路了。您能允許我借用一下您的電話嗎？我想讓我的司機來接我。」

　　女士冷冷地說：「很抱歉！我女兒正在生病，她不希望有人打擾。」然後，她關上了門。

　　第二天，她又在報上看到了一則有關那位名醫的報導，上面還附有一張名醫的照片。她赫然發現，原來他就是昨天那個在雨中迷了路的矮胖男人。她居然將一個絕好的機會關在門外！名醫雖然很忙，如果走進了她的家，看到了她可憐的女兒，情況也許就大不一樣了。可是她怎麼

知道這竟是命運之神送給她的一個機會呢？她不禁後悔莫及。

生活就像例子裡這樣無常，每天遇到的人中，說不定就有一些人有能力改變你的命運。三人行，必有吾貴人。只要其中一位對你另眼相看，你的一切便和現在大不相同了！但是，他有必要幫助你嗎？你被他欣賞嗎？假如你始終秉持一份好意待人，轉運的機緣就大多了。

在一個暴風雨的晚上，一對老夫婦來到一家旅館，要求訂房。

「很抱歉！」櫃檯裡一位年輕的服務生說，「我們這裡已經沒有空房間了。」老先生愁眉微鎖，嘀咕道：「我們是從外地來的旅遊者，人生地不熟。在這樣的雨天，真不知道怎麼辦才好！」

服務生知道，現在是旅遊旺季，附近的旅館全都客滿，要訂到客房，十分不易。想到老夫婦不得不在這樣的大雨天出去找一個安身之所，服務生心裡感到很難過。

年輕的服務生不忍心讓兩位老人重新回到雨中去。他說：「如果你們不嫌棄，可以住在我的房間裡。」

「但是……這太打擾你了！」

「我要在這裡工作到明天早晨，請放心，你們不會給我造成任何不便。真的，一點也不會！」服務生邊說，邊將飯店的值班表指給老人看，證明自己確需加班，以打消他們的顧慮。老夫婦欣然應允，在服務生的房間裡住了一晚上。

　　第二天早上，他們想照價給服務生付房費。服務生婉言謝絕：「我昨晚已經賺到了加班費，請不必客氣！」

　　老先生感歎道：「你這樣的職員是任何老闆都夢寐以求的。我將來也許會為你建一座旅館。」

　　服務生笑了笑，他以為這只是一個玩笑。

　　過了幾年，服務生忽然收到一封老先生的來信，邀請他到曼哈頓見面，並附上了往返機票。到了曼哈頓，老先生將他帶到一幢豪華的建築物前面，說：「這就是我專門為你建造的飯店。你對它滿意嗎？」而這位老先生正是當年他幫過的那位老人。

　　許多年過去了，這家飯店發展成為今日美國著名的渥道夫‧愛斯特莉亞飯店。這個年輕的服務生就是該飯店的第一任總經理喬治‧伯特。

　　喬治‧伯特喜遇貴人，不是偶然的幸運，得益於他助人為樂的一貫作風。按中國的傳統說法，叫做「好人有好

報」。

**總結** 人總是從陌生到相識。現在你遇到的某個陌生人，也未嘗不會成為你日後的貴人。如果你有這樣的理念，謙遜恭敬地對待每一個人，你永遠都不乏助你人生起飛的貴人。

# 找貴人的平衡藝術

　　貴人是自己的有力靠山，當有了這座靠山，有的人就以為萬事大吉了，仗著有靠山為自己撐腰，為所欲為，殊不知，選貴人也一定要講究平衡藝術。成功之路就像狡兔的洞穴一樣，永遠不會只有一條。在荒野叢生的地方，多開闢幾條新的路，自然就多了幾個機遇，也就避免了在一棵樹上吊死的惡果。

　　俗話說：水往低處流，人往高處走。做人要辨別是非曲直，也要堅守忠的立場，但不可至愚忠之境。無論何時，都不要將自己的人生交託給一個人去打理，多找幾個貴人，多找幾個靠山，多鋪幾條前路，多挖幾個洞穴，才最保險。即便走到了困境之中，也總還有生存之法。

　　吳起是戰國時的一位軍事家、改革家，他深得楚悼王的倚重，被任命為相國，主持楚國的變法。他變法的一個主要的內容便是「損有餘而補不足」，把矛頭指向在楚國根深蒂固、勢力雄厚的貴族，剝奪他們的田產，廢除他們的特權，並將他們遷移到偏遠的地區去開荒種地。

楚國強大了，吳起卻被孤立了，他遭到了舊貴族勢力的強烈反對和憎恨，只是由於楚悼王的支持，這些人一時還奈何他不得。吳起深為自己找到一棵大樹而慶倖，卻沒想到即便是大樹，也有枯死倒掉的時候。後來，楚悼王死了，吳起的後臺沒有了，那些仇恨積壓已久的舊貴族們再也按捺不住復仇之心，立即對吳起群起而攻之。吳起無處可逃，情急無奈，一下子撲到了楚悼王的屍體上，他估計那些舊貴族們投鼠忌器，一定不敢再對他施行攻擊，如果傷害了國君的屍體，那可是滅族的大罪。可是那些瘋狂的貴族早已失去了理智，什麼也顧不上了，亂箭齊發，國君的屍體並沒有幫吳起的忙。

吳起以為，有了楚悼王這樣的最高掌權者的支持，他便可以有恃無恐，放手大膽地去做他所想做的一切，而對其他政治勢力的態度可以不聞不問。殊不知，在政治舞臺上，在官場上，沒有永遠不倒的靠山，將一切成功的希望寄託在一方，等到靠山傾頹的時候，末日也已不遠。

有一個硬靠山雖好，但它總有靠不住甚至倒下的時候。只有一個靠山，就等於把賭注都壓在一個人身上，一旦這人身敗名裂，自己不但失去了依靠，說不定還會跟著他遭殃。因此，聰明的人總是「一顆紅心，兩手準備」，

多找貴人、多找靠山，以防不測，不把雞蛋全放到一個籃子裡。

要想在社會上立於不敗之地，有時候需要左投右靠；若只顧一人，不及其餘，他日靠山一倒則牆倒眾人推，自己必然會遭到眾人攻擊，致使身陷險境。這是欲「靠」者最需用心之處。如不仔細權衡，難保他日平安，特別是在做官上，更是如此。

常言道，人無遠慮，必有近憂。聰明的人都明白，你不只要迎合今日的權勢者，還要留意明日的權勢者，就像一個精於棋道的棋手一樣，當你走出第一步棋之後，還要想到第二步、第三步如何走法，走一看二觀三，這樣你才能在瞬息萬變的政治舞臺上，始終立於不敗之地。如果都像吳起這樣只靠在一棵樹上「為所欲為」，卻沒有給自己留下抽身退步之地，那麼無論身負怎樣的經天緯地之材，最終也只會走向失敗。

**總結**

在找貴人時，一定要注意一種平衡藝術，既要照顧到各方面的利益，又要瞻前顧後，考慮到事情的前因後果。

# 第三章

# 用人情
# 經營人脈

我們要學會有意識地累積人情，讓對方不得不還你，這樣你求對方辦事時也會方便很多。

年輕人要知道，真正的友誼，是需要保持一定的距離的。有距離，才會有尊重；有尊重，友誼才會天長地久。

## 別讓你的人情帳戶透支

經營人脈的訣竅之一就是要少一些錦上添花，多一些雪中送炭。

# 儲蓄人情要循序漸進

　　做什麼事情都不可能一蹴而就，經營關係，儲備人情也是如此，要保持平靜、持續的接觸，這樣拓展出來的人際關係才是可信賴的。

　　布朗先生參加一個社交聚會，交換了一大堆名片，握了無數次手，也搞不清楚誰是誰。

　　幾天後，他接到一個電話，原來是幾天前見過面，也交換過名片的「朋友」，因為那位「朋友」名片設計特殊，讓他印象深刻，所以記住了他。

　　這位「朋友」也沒什麼特別的目的，只是和他東聊西聊，好像兩人已經很熟了一樣。布朗先生不大高興，因為他和那個人沒有業務關係，而且也只見了一次面，他就這樣打電話來聊天，讓他有被侵犯的感覺，而且，也不知和他聊什麼好！

　　在現代社會中，這種情形常會出現，以這位「朋友」來看，他有可能對布朗先生的印象頗佳，有心和他交朋

友，所以主動出擊，另外也有可能是爲了業務利益而先行鋪路。但不管基於什麼樣的動機，他採取的方式犯了人際交往中的忌諱——操之過急。

拓展人際關係是名利場上的必然行爲，但在社會上，有一些法則還是必須注意，才能達到預期的效果，而不致弄巧成拙。

這個法則爲：「一回生，二回半生不熟，三回才全熟」，而不是「一回生，二回熟！」「一回生二回熟」還太快了些，「一回生，二回半生不熟，三回才全熟」則是漸進的，而且是長期的、對方不知不覺的。之所以要「一回生，二回半生不熟，三回才全熟」是因爲如下兩個原因：

一是每個人有戒心，這是很自然的反應，一回生，二回就要「熟」，對方對你採取的絕對是「關上大門」的自衛姿態，甚至認爲你居心不良，因而拒絕你的接近，名人、富有或有權勢之人，更是如此。

二是每個人都有「自我」，你若一回生，二回就要「熟」，必定會採取積極主動的態度，以求儘快接近對方。也許對方會很快感受到你的熱情，而給你熱情的回應，可是大部分人都會有自我受到壓迫的感覺，因爲他還沒準備好和你「熟」，他只是痛苦地應付你罷了，很可能

第三次就拒絕和你碰面了。

　　「一回生，二回熟」的缺點還不只上面提的兩點。因為你急於接近對方，所以很容易在不瞭解對方的情形下，以自己作為話題，以此來持續兩人交談的熱度，這無疑是暴露自己，若對方不是善類，你豈不是自投羅網嗎？

**總結**

　　要在現代社會生存發展，的確需要拓展人際關係，累積人脈，但朋友是需要時間去交往的。太過心急，只會引起對方的反感而逃避。所以，搞好關係也要循序漸進，一步一步慢慢接觸，這樣拓展出的人脈才是穩定的。

# 給人一份人情，收穫一片心

誰都知道，有了「人情」好辦事。但「人情」都是有限的，就像銀行存款一樣，你存進去的多，能取出來的就多，存得少，能取出來的就少。你若和別人只是泛泛之交，你困難時別人幫你的可能就很小，因為人家沒有義務幫你。如果你平時多儲蓄「人情」，甚至不惜血本的投資，急用時就不至於遇到困難。

常言道「士為知己者死，女為悅己者容」，能為知己者死的，必欠下了天大的人情，因此償還人情便成了他們矢志不渝的目標。

西元前239年，燕國太子丹在秦國當人質，秦國對他很不友好，太子丹對此懷恨在心，偷偷逃回燕國，於是秦國派大軍向燕國興師問罪。太子丹勢單力薄，難以與秦兵對陣，為報國仇私恨，他廣招天下勇士，去刺殺秦王。

荊軻是當時有名的勇士，太子丹把他請到家裡，像招待貴客一樣，對荊軻照顧得無微不至，終於，打動了荊軻。後來，又對逃到燕國來的秦國叛將樊於期以禮相待，

奉為上賓。二人對太子丹感激涕零，發誓要為太子丹報仇雪恨。

　　荊軻雖力敵萬鈞，勇猛異常，但秦廷戒備森嚴，五步一崗，十步一哨，且有精兵護衛，接近秦王難於上青天。於是，荊軻對樊於期說：「論我的力氣和武功；刺殺秦王不難，難在無法接近秦王。聽說秦王對你逃到燕國惱羞成怒，現正以千金懸賞你的腦袋，如果我能拿到你的頭，冒充殺了你的勇士，找秦王領賞，就能取得秦王的信任，並可乘機殺掉他。」樊於期聽罷毫不猶豫，拔劍自刎。

　　荊軻帶著樊於期的人頭和督元地方的地圖，去見秦王，這兩件東西都是秦王想要得到的東西。但他未能殺掉秦王，反被秦王擒殺，只為後人留下了「風蕭蕭兮易水寒，壯士一去兮不復返」的悲壯詩句和「圖窮匕見」的故事。


　　樊於期之所以能「獻頭」，荊軻之所以能捨命刺殺秦王，都完全是為了回報太子丹的禮遇之恩。「投桃報李」、「滴水之恩，湧泉相報」，足以說明「恩惠」對人心感化的巨大作用。

　　其實，有時給別人一些小的恩惠和人情對你來說只是舉手之勞，並不費多少力氣，可是對別人來說都是一種莫

大的安慰，必要時他會捨命來報答你。

　　我們要學會有意識地累積人情，讓對方不得不還你，
這樣你求對方辦事時也會方便很多。

# 主動拉人一把，把人情送出去

「患難之交才是真朋友」，這話大家都不陌生。人的一生不可能一帆風順，難免會碰到失利受挫或面臨困境的情況，這時候最需要的就是別人的協助。一旦這個時候你伸手相助，便將讓對方記憶一生，日後對方會對你加倍報答。

所以，關鍵時刻拉別人一把，等於為自己的人情帳戶存入一筆鉅款。

德皇威廉一世在第一次世界大戰結束時，眾叛親離。他只好逃到荷蘭，許多人對他恨之入骨。這時候，有個小男孩寫了一封簡短但流露真情的信，表達他對德皇的敬仰。這個小男孩在信中說，不管別人怎麼想，他將永遠尊敬他為皇帝。德皇深深地為這封信所感動，於是邀請他到皇宮來。這個男孩接受了邀請，由他母親帶著一同前往，他的母親後來嫁給了德皇。

這個事例說明當你主動拉對方一把時，會收穫自己想

不到的好處。

　　人情儲蓄，不僅僅是在歡歌笑語中和睦相處，更要在困難挫折中互相提攜。有的人在無憂無慮的日常生活中，還能夠和朋友嘻嘻哈哈地相處，一旦朋友遇到困難，遭到了不幸，他們就冷落疏遠了朋友，友誼也就煙消雲散了。這種只能共歡樂不能同患難的人，不僅是無情的，更是愚蠢的。因為他們的自私，會讓自己的人情儲蓄負債，會讓自己日後的人際關係道路越走越窄。

　　所以，當朋友遇到了困難的時候，我們應該伸出援助的雙手。當朋友生活上艱窘困頓時，要盡自己的能力，解囊相助。對身處困難之中的朋友來說，實際的幫助比甜言蜜語強一百倍，只有設身處地地急朋友所急，幫朋友所需，才表現出友誼的可貴，讓這份交情細水長流。

　　當朋友遭遇不幸的時候，如病殘、失去親人、失戀，等等，我們要用關懷去溫暖朋友那冰冷的心，用同情去安撫朋友身上的創傷，用勸慰去平息朋友胸中衝動的岩漿，用理智去撥散朋友眼前絕望的霧障。

　　當朋友犯了錯誤的時候，我們應該表示理解並盡可能地給予幫助。一般來說，朋友犯了錯誤，自己感到羞愧，臉上無光。有些人常擔心繼續與犯了錯誤的朋友相交會連累自己，因此而離開這些朋友，其實這種自私的行為很不

可取。真正的朋友有福不一定同享，但有難必定同擔。

　　當朋友遭到打擊、被孤立的時候，我們應該伸出友誼的雙手，去鼓勵對方，支持對方。如果在朋友遭到歪風邪氣打擊的時候，我們爲了討好多數人而保持沉默，或者反戈一擊，那我們就成了友誼的可恥叛徒。正如巴爾扎克的《賽查‧皮羅多盛衰記》中所說的：「一個人倒楣至少有這麼一點好處，可以認清楚誰是真正的朋友。」一個好朋友常常是在逆境中得到的。假如朋友在遭到打擊、被孤立的時候，你能夠理解他、支持他，堅決與他站在一起，那麼他一定會把你視爲一生的摯友，會爲找到一個真正的朋友感到高興。更重要的是，將來某一天如果你需要他的協助，甚至你有難時沒有找他求助，他都會心甘情願地爲你兩肋插刀。

**總結**　人情的贏得往往在關鍵的時刻，即別人處於困頓的時刻。只要你在關鍵時刻主動伸手拉他一把，你就獲得了他的好感，爲日後儲蓄了一筆人情資金。

# 送人情一定要恰到好處

送人情是常有的事，但同時也不是件簡單的事情，而且，送人情沒有百分之百成功的，只有掌握一定的方法和技巧才能成功。一個能把人情恰到好處送出去的人，絕對是懂得處世藝術、深諳人情道理的人。

通情達理的人大都懂得送人情的藝術和分寸。比如，送什麼，送多少，何時送，怎麼送，都大有學問。送得恰到好處是人情，送得不當是尷尬；不管是無意中送的人情，還是有意送的人情，都有一個讓對方如何感受，如何接受的問題。所謂「千里送鵝毛，禮輕情義重」說的就是這個道理。通常世人最重視的人情則是雪中送炭，口渴賜水。別小看這「一炭之熱」、「滴水之恩」，這樣的人情可得傾心相送，湧泉相報。

對身處困境的人僅僅有同情之心是不夠的，應給以具體的幫助，使其渡過難關。雪中送炭、分憂解難的行為最易引起對方的感激之情，因而易形成友情。比如，一個農夫做生意賠了本，他向幾位朋友借錢，都遭回絕。後來他向一位平時交往不多的鄰居伸出求援之手，在他說明情況

之後，對方毫不猶豫地借錢給他，使他渡過難關，他從內心裡感激。後來，他發達了，依然不忘這一借錢的交情，常常給對方以特別的關照。

所以恰到好處送出去的人情才是真正的人情。而要做到恰到好處，年輕人就要注意一些細節：

送人情不要使對方覺得接受你的幫助是一種負擔。

送人情要送得自自然然，也就是說在當時對方或許無法強烈地感受到，但是日子越久越體會出你對他的關心，能夠做到這一步是最理想的。

送人情要高高興興，不可以心不甘、情不願的。如果你在幫忙的時候，覺得很勉強，意識裡存在著這是「為對方而做」的想法，人家遲早會發現，你的人情也就成了虛情假意。

人情要適度，不可過小，也不可過重。過小不足以辦事，過重會使人感到自卑乃至厭倦你。這樣，便會逐漸疏遠你。還有就是不要「自作多情」，因為這時你的人情會讓對方感到多餘且不可思議，甚至會認為你另有不可告人的隱情涉及人家，人家非但不能接受還會引起不安。

要把送人情與增進關係融在一起，即透過送人情可以進一步加強雙方的親密關係，而不能讓對方感到，這是有求於我，才向我送人情。

送人情把握了以上五點，才算是真正的人情高手。因此在平時送人情時，一定要把握以上幾點，把人情送得恰到好處。

**總結**　送人情最重要的不在於你送的情分是否輕，而在於對方感受是否重。

# 好人做透，人情做足

人情是中國人維繫群體的最佳手段和人際交往的主要工具，朋友之間沒有人情往來，友誼就會淡漠，甚至消失。

而當你送朋友一個人情時，朋友便因此欠了你一個人情，他是會想辦法回報的，因為這是人之常情。人情就像你在銀行裡的存款，存的越多，存的越久，利息便越多。

所以，年輕人平時送人情時，一定要把人情做足，好人做到底，你就要想朋友之所想，急朋友之所急，在他最困難、最需要幫助的時候，給朋友一個人情，那這份人情的分量就會更大。

做足，包含兩個含義：一是人情要做完；二是人情要做得充分。

如果朋友求你辦什麼事，你滿口答應：「沒問題。」但隔了幾天，你給他一個半零不落的結果，對方雖然口頭上不說什麼，但心裡肯定會說：「這哥兒們，真不夠意思，做就做完，做一半還不如不做，幫倒忙。」

做人情只做一半，叫幫倒忙，越幫越忙，非但如此，

還會影響信任度，說話不算數的朋友誰都不願意結交。人情做一半，叫出力不討好。

人情做充分，就是不僅要做完，還要做好，做得漂亮。如果你答應幫朋友辦某種事，就要盡心去做，不能做得勉勉強強。如果做得太勉強了，即使事情成了，你勉強的態度也會讓他在感情上受到傷害。

俗話說：「在家靠父母，出門靠朋友。」多一個朋友多一條路。要想人愛己，己須先愛人。

我們當時刻存有樂善好施、成人之美的心思，才能為自己多儲存些人情的債權。這就如同一個人為防不測，須養成「儲蓄」的習慣，這甚至會讓各位的子孫後代得到好處，正所謂前世修來的福分。黃佐臨導演在當時不會想得那麼遠，那麼功利。但後世之事卻給了他作為好施之人一個不小的回報。

錢鐘書先生一生日子過得比較平和，但在上海寫《圍城》的時候，也窘迫過一陣。辭退保姆後，由夫人楊絳操持家務，所謂「卷袖圍裙為口忙」。那時他的學術文稿沒人買，於是他寫小說的動機裡就多少摻進了賺錢養家的成分。一天500字的精工細作，卻又絕對不是商業性的寫作速度。恰巧這時黃佐臨導演排演了楊絳的四幕喜劇《稱心如

意》和五幕喜劇《弄假成真》，並及時支付了酬金，才使錢家渡過了難關。時隔多年，黃佐臨導演之女黃蜀芹之所以獨得錢鐘書親允，開拍電視連續劇《圍城》，實因她懷揣老爸一封親筆信的緣故。錢鐘書是個別人為他做了事他一輩子都記著的人，黃佐臨40多年前的義助，錢鐘書多年後還報。

上述事例表現了也許沒有比幫助這一善舉更能表現一個人寬廣的胸懷和慷慨的氣度的了。不要小看對一個失意的人說一句暖心的話，對一個將倒的人輕輕扶一把，對一個無望的人賦予一個真摯的信任，雖然自己什麼都沒失去，而對一個需要幫助的人來說，也許就是醒悟，就是支持，就是寬慰。

**總結** 在平時要多多注意做足人情，這樣不僅提高了自己受歡迎的程度，也讓自己在日後碰到困難時，能尋得他人的幫助，順利渡過難關。

# 感情投資不要一次做盡

感情投資是必要的，很多時候，都必須將「人情做足」，但「足」也是有限度的。過度的感情投資，也無異於將「壞事做絕」令人恐怖。人際交往要有所保留，這樣才能平衡你的人際關係。

好事幾乎都被做盡了，也會給你帶來不好的結果。對一個有勞動能力、心智健全的人來說，獨立、付出都是內部的需要。人際關係中如果不能相互滿足某種需要，那麼這種關係維持起來就比較困難。在卡內基成功人際交往思想中，很重要的就是要遵循心理交往中的功利原則。這一原則是建立在人的各種需要（包括精神的、物質的內容）的基礎上，即人際交往是滿足人們需要的活動。心理學家霍曼斯早在1974年就曾經提出人與人之間的交往本質上是一種社會交換，這種交換同市場上的商品交換所遵循的原則是一樣的，即人們都希望在交往中得到的不少於所付出的。其實豈止是得到的不能少於付出的，如果得到的大於付出的，也會令人們心理失去平衡。

有一個耐人尋味的故事，講述的是一位女士結婚不久

就離婚了，離婚的原因聽起來卻像天方夜譚。用她丈夫的話說：「妳對我們太好了，我們都覺得受不了。」原來這位女士非常喜歡關心、照顧別人，甚至到了狂熱的地步。每天除了正常的工作外，所有的家務，包括買菜、做飯、洗衣服、擦地板等，都由她一個人包辦，別人絕不能插手，弄得丈夫、公公、婆婆覺得像住在別人家裡一樣。久而久之，全家人對其忍無可忍，終於提出要讓她離開這個家庭，因為他們都感到心理不平衡。

例子裡的女士本是一片好心，最後卻成了「壞事」，不得不令我們深思。

初入社交圈中的人，和例子裡的女士一樣，總想著「好事一次做盡」，以為自己全心全意為對方做事，會使關係融洽、密切。事實上並非如此。因為人不能一味接受別人的付出，否則心理就會感到不平衡。「滴水之恩，當湧泉相報」，這也是為了使關係平衡的一種做法。如果好事一次做盡，使人感到無法回報或沒有機會回報的時候，愧疚感就會讓受惠的一方選擇儘量疏遠。留有餘地，好事不應一次做盡，這也許是平衡人際關係的重要準則。

**總結**

留有餘地，適當地保持距離，因為彼此心靈都需要一點空間。如果你想幫助別人，而且想和他人維持長久的關

係，那麼不妨適當地給別人一個機會，讓別人有所回報，不至於因為內心的壓力而疏遠了雙方的關係。而「過度投資」，不給對方喘息的機會，就會讓對方的心靈窒息。留有餘地，彼此才能自由暢快地呼吸，才能自由平等地交往。

# 收穫人情，借不如給

　　當親戚朋友向你借錢或某些物品時，是借還是不借呢？這是現代人所常常要遇到的問題，錢只要離開自己的口袋，就有回不來的可能；東西一旦借出去，既可能被對方用壞、弄丟，也可能是被對方一直用著，尤其是把財物借給自己的親人或是朋友，上述情況就更可能發生了。

　　這個時候，與其整日盤算著如何把財物要回來，不如放寬心，把財物送給他們。這樣，雖然在財物上蒙受損失，卻收穫了人情。

　　事實上，很多年輕人碰到他人向自己借財物的問題時都很困擾，因為借他財物，有可能就要不回來了，或是一再拖延，到最後歷經坎坷才拿回來，或只拿回一小部分。如果時間一到便去催債，好像自己太沒人情味，何況也沒勇氣開口，更怕一開口，就傷了彼此的感情。不借，自己的財物固然是「保住」了，但他們有難，不出手幫忙，道義上似乎也說不過去，也擔心二人的感情恐怕從此要變質了。

　　聰明人的做法是：給他錢，而不是借他錢。

所謂「給他財物」有兩個層面的意義。

第一個是表面上是借給他，也言明歸還期限和利息多少，但在心理上卻抱著這些財物是「一去不回頭」的想法，他能還就還，不能還就當做是「送給」他的。這種態度很阿Q，卻有很多好處：第一個好處是不會影響兩人的感情，你也不會因為對方還不起錢或不還物品而難過；第二個好處是顧到了朋友間有難相助的道義；第三個好處是在對方心中播下一粒恩與義的種子，這粒種子或許會發芽、茁壯，在他日以「果實」對你作最真誠的回報。

第二個層面的意義是真的給他財物。也就是說，他雖然是向你借用的，但你表明是給他的，是要幫他解決困難的，並不希望他一定還。這樣子做也有很多好處：第一個好處是他不大可能再來向你借，而你也可表示「我已竭盡所能」，如將對方開口的數目打折給他，萬一對方真的還不起錢，或根本不還錢，你則可以降低損失。第二、三個好處和前面那種一樣，兼顧了情與義，同時也在對方心中種了一粒恩與義的種子，而這人情，他總是要擔的。

事實上，不管是借還是給，財物能不能收回來都是個未知數。之所以說「給親戚朋友財物，財物收得回來；借他們財物，錢收不回來」，是基於財物只要離開你的名下，就有回不來的可能，因為對方是沒有錢或缺少某些東

西才向你開口的，所以明知有可能回不來，乾脆就不抱希望，免得催債時給雙方造成不愉快，自己也難過。

**總結** 如果借或給都覺得很難，那麼就狠心拒絕！不過，在力所能及的情況下年輕人還是不要那麼斤斤計較，因為財物畢竟不等同於幸福，人生的真正幸福和歡樂是浸透在親密無間的家庭關係與友情中的。

# 雪中送炭，擴大感情投資的性價比

在社會生活中需要感情投資，這個道理很多人都明白，但是如何進行感情投資卻沒有多少人清楚。其實，感情投資的最佳策略就是雪中送炭，擴大感情投資的性價比。

在《水滸傳》中，有這樣精彩的一幕：

話說宋江殺了閻婆惜後，逃到柴進莊上避難，碰上了武松。當時武松因在故鄉清河縣誤以為自己傷人致死也躲在柴進莊上。但因為武松脾氣不太好，得罪了柴進的莊客，所以柴進也不是十分喜歡他。《水滸傳》上說：「柴進因何不喜武松？原來武松初來投奔柴進時，也一般接納管待；次後在莊上，但吃醉了酒，性氣剛烈，莊客有些顧管不到處，他便要下拳打他們，因此滿莊裡莊客，沒一個道他好。眾人只是嫌他，都去柴進面前，告訴他許多不是處。柴進雖然不趕他，只是相待得他慢了。」所以，武松在柴進的莊上一直被大家孤立，找不到一個可以交心的朋友，只能一個人天天喝悶酒。

宋江知道到武松是個英雄，日後定可為自己幫忙，因此，他到了柴進莊上一見到武松馬上拉著武松去喝酒，似乎親人相逢，看武松的衣服舊了，馬上就拿錢出來給武松做衣服（後來錢還是柴進出的，但好人卻是宋江做的）。而後「卻得宋江每日帶挈他一處，飲酒相陪」，這飲酒的花費自然還是柴進開銷的。臨分別時，宋江一直送了六七里路，並擺酒送行，還拿出十兩銀子給武松做路費，而後一直目送武松遠離。

　　正因為這樣，武松一直對宋江忠心耿耿，為宋江出生入死。


　　宋江所費之錢可以說是小成本，他不過花了十兩銀子和餞行的一頓飯，卻讓英雄蓋世的武松對他感恩戴德。而柴大官人庇護了武松整整一年，就算後來有所怠慢，也不會少他吃喝用度的，在武松身上的花費豈止區區十兩銀子。相對於宋江而言，柴大官人真是得不償失。這位宋大哥在武松心目中的分量恐怕要遠遠超過柴大官人。為什麼柴進名滿江湖、出身高貴，卻成不了老大，而宋江卻可以？因為宋江更懂得如何透過雪中送炭而收買人心。

　　然而，在現實生活中，人們往往熱衷於錦上添花，而不屑於雪中送炭。好像能與事業有成的人締結關係，便可

以巧妙地利用對方那股氣勢。這是理所當然的一種心理，然而在這種情況下交上的朋友，通常無法培育出可靠的人際關係。

對萬事順利、春風得意的人，人人都想與他結識，都想與他交上朋友。一方面他顧不過來；另一方面他也無法與巴結他的人成為真正的朋友。

反之，如果與那些暫不得勢的人交往，並成為好朋友，那就可能完全不同了。

在他處於困境中的時候，我們能不打折扣的給予幫助，有朝一日，他們飛黃騰達了，就會第一個要還你人情。那是找他們幫忙，他們便會毫不猶豫。

當然，我們說要雪中送炭，並不是說逢人便送，遇人則結，而是「放出眼光，擇其有資望者，或將來必有騰達高就者。」

如果你認定某個不得勢的人將來必定是個成功人物，只是暫時的不得勢，將來會大有作為，那你就該多多交往。或者乘機進以忠言，指出他失敗的原因，激勵他改過向上。如果自己有能力，更應給予適當的協助，甚至給予物質上的救濟。而物質上的救濟，不要等他開口，要採取主動。有時對方很急著要，又不肯對你明言，或故意表示無此急需。你如果得知此情形，更應盡力幫忙，並且不能

有絲毫得意的樣子。一面使他感到受之有愧，一面又使他有知己之感。日後如有所需，他必全力回報。

**總結** 錦上添花易，雪中送炭難。聰明的人都明白：經營人脈的訣竅之一就是要少一些錦上添花，多一些雪中送炭。多結識一些「困龍」，他們將成為你生活中忠實的朋友，事業上得力的助手。

# 適當地回饋他人的幫忙

人與人之間的情誼，既需要真心誠意，也需要感激與適當回報。

有些年輕人總認為朋友的幫忙是理所應當的事情，換做是自己，也會鼎力相助。殊不知，朋友卻沒有把你當做是自己人，背地裡時時刻刻念叨著你受人恩惠卻不知感謝。

所以，有時候，不要認為別人的幫助是理所當然的事情，即使是好朋友之間，也應該懂得適當的回饋對方的幫忙。別人幫忙過後，送上一個溫馨的小禮物，甚至是給他泃上一杯熱茶，都能成功的俘獲他，這樣你才能更討他喜歡，朋友也會幫忙幫的心甘情願。

美國人傑姆曾說，他很喜歡東方的女孩子。他表示，西方女性把男士們的「紳士行為」視為「理所當然」。男士們幫女士提重物、搬東西，「理所當然」；男士幫女士開門、拉椅子，「理所當然」。同時，在西方教育背景下，男士也視這些紳士行為「理所當然」。

在中國，有一次因為擴大經營的需要，他們部門從十樓搬到八樓，每個人必須把自己的東西以及一桌一椅搬下去。傑姆搬了一張椅子，發現真的很重，他擔心女孩子搬不動，於是他告訴女同事，椅子交給他們有力氣的男同事去搬。

　　後來一路上，女同事陪他們聊天，搬完了，還忙著倒開水、泡咖啡給他們喝，讓男同事們感到很愉快。「如果在我們國家，搬重物『理所當然』是男孩子的工作，沒有人會陪你聊天，沒有人會感激地倒開水、泡咖啡。也許中國人沒這個觀念，但是中國女孩子體恤別人的作風，真的非常可愛，我們幫她們，不但樂意，而且開心，這種受人尊重的感覺真好。」


　　這個例子說明了適當回饋他人幫忙會為自己贏得好人緣。

　　很多時候，年輕人會把別人對自己的好視為理所當然，他人喜歡我們，當然不介意被我們「麻煩」，一些小事情，也「幫」得十分樂意。可是俗話說：「受人點滴，湧泉相報。」就是要我們常懷感恩的心，以看待朋友的好心。任何人都不喜歡自己的好心被人當做驢肝肺，一次兩次也許還可以忍受，十次、二十次就會漸漸用光朋友的交

情，屆時我們會發現，朋友似乎不再那麼「樂意」助人。

與人相處、經營人脈，我們當謹記一件事，「天底下沒有誰幫誰是理所當然的，今天人家抽空過來那是人情，即使有錢可賺，也應心懷感激」。也許有人會說，找朋友幫忙，給幾個錢或是請他吃頓飯，送個東西，好像把友誼給賤賣了，把朋友的交情看俗了。

其實不然，適度地表達我們的感激是必要的。也許我們不懂得比較「高尚」的做法，但吃頓飯、送個小禮物，也能表達我們的感謝。

表達感激的作用不在於「禮」的輕重，而是心意的表示，讓朋友曉得他這個忙幫得多麼具有「價值」，多麼受你的重視，也許在他而言是舉手之勞，對你來說卻可能是攸關生死的大事。

最重要的是，你說出來了，他也聽到了，知道你有多在乎這件事。就像傑姆的女同事，一路陪他們聊天，事後還倒開水、泡咖啡，沒花什麼錢，卻十足表現了她們的感激之情，而傑姆他們也感受到了，同時還說「很愉快」。其實朋友在乎的不過是這一點點回饋罷了。

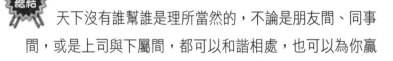

**總結** 天下沒有誰幫誰是理所當然的，不論是朋友間、同事間，或是上司與下屬間，都可以和諧相處，也可以為你贏

得人緣。

　　因為對方從你身上，處處得到尊重，時時獲得感激，這對他而言，有了人格上的自我滿足，那麼他自然樂於與你共事，與你做朋友，在你有困難的時候，也會樂意幫助你了。

# 別讓你的人情帳戶透支

託關係辦事情在如今的社會已經不是什麼稀罕的事情了，每個人在自己的生活中都可能找人辦事，這也無可厚非。但是，對待人情的分寸卻未必人人皆通，有些年輕人在人情上過分透支，就會讓別人苦不堪言，對於你下次的求助，這些人情就會避之不及。

有個人接編某份雜誌，由於雜誌的財源並不豐裕，不僅人手少，稿費也不高，但他又不願意因為稿費不高而降低雜誌的水準，於是他開始運用人情向一些作家邀稿。這些作家和他都有過交情，但其中一位在寫了數篇之後坦白：「我是以朋友的立場寫稿，但你們稿費太低了，錯不在你，但你這樣做是在透支人情。」

例子裡的人正是犯了讓人情帳戶透支的錯誤。

人和人相處總是會有情分的，這情分就是「人情」。有些人喜歡用「人情」來辦事，但「人情」是有限量的，好像銀行存款，你存得越多，可領出來的錢就越多；存得

越少，可領出來的就越少。你若和別人只是泛泛之交，你能讓他幫的忙就很有限，因為他沒有義務和責任幫你大忙，你也不可能一次又一次要他幫你的忙，這是因為你的人情存款只有那麼一點點，如果你要求得太多，那就是透支了。

透支的結果如何？一般會造成兩個結果：一是你們之間的感情轉淡，甚至他對你避之唯恐不及，那麼有可能進一步發展的情分就此斷了。二是你在他眼中變成了不知人情世故的人，這對你是相當不利的。所以，在運用人情的分寸上要有講究，使自己不透支人情，讓別人下次依然能很爽快地答應你的求助。

那麼，要如何動用人情才不至於透支呢？

1.弄清楚你和對方的情分如何，再決定是不是找他幫忙。

2.如果能不找人幫忙就儘量不找人幫忙，就好像銀行存款，能不動用當然最好，寧可把這人情用在刀口上。

3.動用人情的次數要儘量少，以免提早把人情存款用光。

4.要有適度的回饋，也就是「還人情」。回饋有很多種，例如，主動去幫忙對方，請吃飯、送禮物都可以。總之，不要把人家幫你忙當成應該的，有「提」有「存」，

再提還有！

　　5.就算對方曾欠你情，你也不可抱著討人情的心態去要求對方幫忙，因為這有可能引起對方的不快。

　　6.斤斤計較的人，你們交情再深，也不可輕易找他幫忙，否則這人情債會像在地下錢莊借錢那般，讓你吃不消。

　　如果你不瞭解這些，動輒找同學、朋友幫你的忙，那麼你就會發現，你慢慢變成了不受歡迎的人。當然也有主動幫你忙的人，但切勿認為這是天上掉下來的，你若無適度的回饋，這也是一種透支。

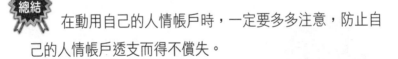

　　在動用自己的人情帳戶時，一定要多多注意，防止自己的人情帳戶透支而得不償失。

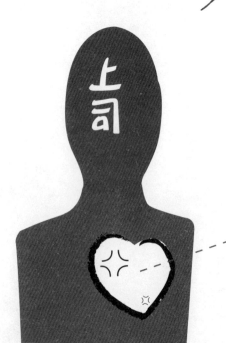

明天是我的生日，真的不用送
我東西，我說真的！

他在說謊……

# 第四章

# 悉心維護你的人脈

年輕人不能盲目地追求人脈的數量，而應該拿出精力維護自己的人脈，保證自己人脈圈的品質。

當親戚朋友向你借錢或某些物品時，是借還是不借呢？
這是現代人所常常要遇到的問題。

**朋友需分等級**

給自己的人脈過過濾、分分類，就不再顯得那麼功利性。

# 人脈並非越多越好

生活中我們常常會被一些事物表面的假象所矇騙，以為是好的東西，常常掩藏著種種弊端，就如同對人脈的把控上。

「眾人拾柴火焰高」，通常人們會認為人越多，人際關係就越充實。然而，事實並非如此。所謂關係與友誼，其實是愈充實數量愈少，最為充實的都是到了最後去除了所有糟粕，留下的少數精品，人際關係也是如此，真正的實心人脈往往只是少數。

事物的發展有多個階段，在最初階段必定是人數愈來愈多的時期，否則，沒有一定的人數基礎，人際關係是不可能充實的。

然而最重要的，還是你能否有意識地增加人數，而不是盲目地將所有認識的人及其人際關係統統納入自己的人際關係網。年輕人在生活中肯定也有過這樣的體驗，名片與電話簿上的電話號碼越來越多，但是關係根本很多是用不上的。

所以，真正的人際關係不是用名片或電話號碼的多少

來計算的。儘管某個時期的人數不斷增加，卻並非意味著人際關係進入了充實期。最多，它只能算作通往充實期的準備階段而已。

當累積的人數增加到一定程度時，你就必須進行整理了。

首先應該將仍然保持聯絡的和已中斷聯繫的人際關係區分開來。經過整理，仍然保持聯絡的名片張數必將減少。因此，只看到名片張數增加就高興不已的人，是根本無法建立人際關係網路的。因此，在整理名片之際，你不必因爲仍然保持聯絡的名片張數減少而擔憂。相反，這是你人際關係整體充實的證據。試想一下，當你目前的工作告一段落，展開新工作時，名片的張數也必定會隨之增加，尤其當你跳槽或者更換職業時，這種情形是最爲明顯的。

當新工作開始步入軌道正常運轉時，人際關係又會逐漸減少。中途因工作關係參加各種活動時，名片又將再度增加。這種增減的重複，在人際關係成長過程中是十分必要的。

如果只盲目追求名片張數的不斷增加，你和每一個人之間的關係必定會越來越薄弱。因爲比起和熟人碰面的機會，你會更熱衷追求結識新人的機會。那麼，在這種情況

下，熟人碰面的機會都沒有了，還談什麼人際關係的充實呢？

**總結** 　年輕人不能盲目地追求人脈的數量，而應該拿出一定的精力維護自己的人脈，保證自己人脈圈的品質。

# 朋友需分等級

　　從前有一個仗義、廣交天下豪傑的武夫。他臨終前對他的兒子說：「別看我自小在江湖闖蕩，結交的人如過江之鯽，其實我這一生就交了一個半朋友。」

　　兒子納悶不已。他的父親就貼近他的耳朵交代一番，然後對他說：「你按我說的去見我的這一個半朋友，朋友的意義你自然會懂得。」

　　兒子先去了父親所認定的「一個」朋友那裡，對他說：「我是某某的兒子，現在正在被朝廷追殺，情急之下投身你這裡，希望予以搭救！」這人一聽，毫不思索，趕忙叫來自己的兒子，喝令兒子速速將衣服換下，穿在這個並不相識的朋友的兒子身上，而讓自己的兒子穿上朋友兒子的衣服。

　　兒子明白了：在你生死攸關的時候，那個能與你肝膽相照，甚至不惜割捨自己的親生骨肉來搭救你的人，可以稱作你的一個朋友。

　　他又到了父親的那「半個」朋友家裡說：「我是某某的兒子，現在正被朝廷追殺，情急之下投身這裡，請予以

搭救！」此人聽了忙說：「孩子啊，我這裡也不保險，你還是趕快跑吧。這裡是一些盤纏，足夠路上吃用。我保證不會告發你。」

兒子再次明白了：在你最危急的時候，能給你提供一些幫助，但以不損害自己為前提的人，是可以稱作半個朋友的。

這個故事很簡潔地告訴了我們這樣一個道理：朋友是分交情和等級的。在你生死為難之際，能挺身相救的就是你最好的朋友，對這樣的朋友，你能生死相託；而在你危難求助之時，先要考慮自己的利益再去幫助你的朋友，頂多也就算是半個朋友。這半個朋友也能稱之為朋友。但有一種人，他只會在你榮華富貴之時巴結你，而你一旦落難，他躲你還來不及，更不會幫助你，這樣的人無法稱之為朋友。

由此看來，給自己的人脈過過濾，給自己的朋友分分類，就不再顯得那麼功利性，而成為十分必要的事情了。

一般來說，按照與朋友交往的親密程度，可以把朋友分為以下幾個等級：

### 1.知己

他們是我們人生中很難找到的極少數朋友，他們可

以誠意地接納我們的優點，也會接納我們的缺點，處處忠誠地爲我們著想。他們像一面鏡子，能給予我們勸勉和鼓勵。

不過，對於知己我們也有義務不斷地付出，同樣捨己地爲對方的利益著想。去接納、支持、聆聽和幫助，是知己的責任。需要切記的是，不要濫用知己的權利——知心朋友不等於「黏身」的朋友，更不能要求對方完全同意自己、遷就自己。

### 2.死黨

他們多是一些來往密切，與自己的生活圈子很接近的朋友，彼此有相同的思想，相同的遭遇，因而很容易談得來。在行動上能默契地成爲一夥，組成小圈子活動。

但若要整個「死黨」能相處愉快，就需要大家彼此遷就，不執意獨行。但是我們切不可只陶醉在這個「小圈子」裡，完全排斥外界朋友。否則，可能會失去很多寶貴的友誼。

### 3.老友

他們是與我們很熟悉、相識多年的老朋友。雖然大家見面的機會未必很多，但彼此熟悉，每次相逢都能天南地北地親切交談。他們不是知己，有困難時未必會想到我們；大家的性格也未必接近，不過友誼倒是經得起考驗，

值得年輕人去珍惜和主動地表示關心。但是需要注意的是，切不可因爲彼此來往少而讓友誼中斷。

### 4.來往密切的朋友

因爲活動圈子相同，我們可能交到一些接觸密切的朋友，如上司、同事、老師、同學等。他們很熟悉我們的生活小節，但未必是那些互相瞭解，可傾訴心事的人。

對於這些朋友，雖然大家每日共事，但不能對他要求太高，因爲彼此都沒有什麼承諾和默契。但起碼相處應不忘禮貌，言行一致，態度真誠。

### 5.單方面投入的朋友

有些人可能對我們很著迷和信任，常把心事向我們傾訴，但我們沒有那種共同推心置腹的感覺。也有些時候，我們對某人特別崇拜傾慕，而對方卻未必有熱烈的反應，這種不平衡的關係多產生於一些不同位置的朋友之間。

當受人仰慕的時候，切不可輕看和玩弄別人的友情，或顯示出討厭和高傲的態度，該盡力去助人成長，給予中肯的意見，鼓勵他發展獨立精神，認識其他朋友。

當我們傾慕別人的時候，也不要成爲他人的累贅，不要對別人盲目崇拜，過分倚賴他人。而應該積極從他人身上學習長處。

### 6.普通朋友

這類朋友占了我們朋友圈子的大部分。他們可以和我們談些無關痛癢的話題，不過交情上可是誰也不欠誰，不會令彼此牽腸掛肚。雖說是普通朋友，也可成爲遊樂時的好玩伴；有難事，也可向有專門知識的個別朋友請教。這些來自不同背景的朋友能充實我們的知識，令我們感受到「相識遍天下」的溫暖感覺。

### 7. 泛泛之交

大家的友誼僅止於認識的階段，是點頭之交，連普通話題也未必有機會聊。大家若能做到見面時打打招呼，保持禮貌距離，已是很不錯的。千萬別對人隨便過分信任，否則誤交朋友，後悔時就太遲了。

之所以需要過濾人脈，給朋友分等級，首先是因爲每個人的精力都是有限的，必然和一些朋友親近一些，和另一些朋友疏遠一些。其次，每個人性情不同，有的人能爲朋友兩肋插刀，有的人只有在不損害自己利益的前提下才會幫助朋友，更有人會爲了自身利益而背叛朋友。

**總結** 爲朋友分等級，對各類朋友有了清楚的定位後，能讓你更好地管理自己的人脈資源。

# 擇友要謹慎，清除人脈中的雜草

有些時候，年輕人會因爲追求廣泛的人脈，一不小心，讓人脈帳戶裡生出一些「雜草」。這些「雜草」，就是我們在聚集人脈的時候交往到的一些「不良人士」。人是可塑性很強的動物，尤其對於一些意志薄弱的人，外部的環境對他生活的影響會很大。在我們的一生中，我們結交的朋友和與朋友相處的環境，會對我們的一生會產生很大的影響。可以說，有著怎樣的朋友，就會有著怎樣的命運。

《伊索寓言》中有一個故事：

一隻蝨子常年住在一個富人的床鋪上，由於它吸血的動作緩而柔，富人一直沒有發現牠。一天，朋友跳蚤拜訪蝨子。蝨子對跳蚤的來訪目的、個性性情，一概不聞不問，熱情招待。牠還主動向跳蚤介紹說：「這個富人的血是香甜的，床鋪是柔軟的，今晚你一定要飽餐一頓！」跳蚤夢寐以求，當然滿口答應，巴不得天快黑下來。

當富人睡熟時，早已迫不及待的跳蚤立即跳到他身

上，狠狠地叮了一口。富人大叫著從夢鄉醒來，憤怒地令人搜查。身體伶俐的跳蚤一下蹦走了，不會跳躍的蝨子自然成了不速之客的代罪羔羊，身死人手。牠是到死都不清楚引起這場災禍的根源。

正如這個寓言所要傳達的意思，在選擇朋友時要有自己的準則，要努力與那些樂觀進取、品格高尚的人交往，這樣可以保證自己有一個良好的學習和生活環境，讓自己獲得豐富的精神食糧以及朋友的真誠幫助，在好的環境中潛移默化地達到更高的程度。這正是孔子所說的「無友不如己者」的意思。

相反，如果你擇友不慎，結交了那些行為惡劣、思想消極、品格低下的人，你會陷入這種極壞的環境難以自拔，甚至受到「惡友」的連累，成為無辜受難的「蝨子」。

假如我們已不慎交上壞朋友，應採取敬而遠之的態度。

總體來說，年輕人要慎交以下這幾種朋友：

### 1. 吹噓有靠山的人

一些到處吹噓、宣揚自己有靠山的人總是在別人不問及這種事時，主動把這個「祕密」得意揚揚地說出來。對

這種人，絕對要小心。

如果你詳加調查，就會發現如下的事實：他說的交情匪淺的前輩，根本就不屑與他為伍；他說的有力人士，原來是虛構的人物；他說的大教授，人家根本就不認識他。

### 2. 因人而變的人

在部屬面前，總是擺出老闆的臭架子，一副唯我獨尊的樣子；可是，在上司面前就搖身一變，像伺候國王那樣，畢恭畢敬。

這一類型的人，具備「善變」的本領，而且天天琢磨此技，其編造口實、假裝正經的技巧越來越高明。雖然在當前，好像不會讓你受害，但你若太大意，有朝一日，定會掉入他的巧妙圈套或陷阱裡，使你元氣大傷。

### 3. 搬弄是非的人

不要以為把是非告訴你的人便是你的朋友，他們很可能是希望從中得到更多的談話材料，從你的反應中再編造故事。所以，聰明的人不應該與這種人推心置腹。而令他們遠離你的辦法，是對任何有關你的傳聞反應冷淡，不予作答。

### 4. 嘴巴甜的人

這種人開口便是大哥大姐，叫得又自然又親熱，也不管他和你認識多久；除此之外，還善於恭維你，拍你馬

屁，把你「哄」得酥麻酥麻的。這種人因爲嘴巴伶俐，容易使人毫不設防，如果他對你有不軌之圖，你一陶醉不就上了他的當？而且，你會因爲他的奉承而不去注意他品行上的其他缺點，容易把小人當君子，把壞人當好人。

此外，這種人可以輕易對你如此，對別人當然也可如此。所以，碰到嘴巴甜會奉承的人，年輕人必須升起你的警戒網，和他保持距離，以便好好觀察。如果你冷靜地不予熱烈回應，假使對方有不軌之圖，便會自討沒趣，露出原形。不過，爲了避免「以言廢人」，你不必先入爲主地拒他於千里之外，但是得時刻警惕。

**總結** 在擇友時一定要在「良」字上狠下工夫。固然，「金無足赤，人無完人」，我們選擇的朋友，儘管也會有一些不足或缺點，但必須大部分是好的，能從他身上學到很多你沒有的品質與實處，他能與你坦誠相處，道義上能互相勉勵，當你有了成績能與你分享，有了過錯能嚴肅規勸你。把這樣的朋友放進你的人脈網，會成爲你前進的動力。

# 篩選你的人際關係網

在工作與學習的過程中，搜集與組織自己的關係網是有可能的，但試圖維持所有關係似乎是不可能的，而想要在現有的人際網路內加進新的人或組織就更加艱難。因此，年輕人在組建人際關係網的時候，必須學會篩選放棄。換言之，你必須隨時準備重新評估早已變得難以掌握的人際網路，對現有的人際關係網重新整理，放棄已不再對你感興趣的組織和人。這是年輕人在生活中必須做的。篩選雖然不易，但仍是可以做得到的，有失才有得，才有更好的人生。

國際知名演說家菲立普女士曾經請造型顧問帕朗提幫她做造型設計。菲立普女士說：「整理出來的衣服總共分成三堆：一堆送給別人；一堆回收；剩下的一小堆才是留給自己的。有許多我最喜歡的衣物都在送給別人的那一堆裡，我央求帕朗提讓我留下一件心愛的毛衣與一條裙子。但她搖搖頭說道：『不行，這些也許是妳最喜愛的衣物，但它們卻不適合妳現在的身份與妳所選擇的形象。』由於

她絲毫不肯讓步，我也只得眼睜睜地看著自己的大半衣物被逐出家門。我必須學著捨棄那些已不再適合我的東西，而『清衣櫃』也漸漸地成為我工作與生活的指導原則。不論是客戶也好，朋友也好，衣服也罷，我們必須評估、再評估，懂得割捨，以便騰出空間給新的人或物。我也常用這個道理與來聽演講的聽眾分享，這是接受並掌握生命、生涯不斷變動的一種方法。」

你衣櫃滿了，需要清理與調整，以便騰出空間給新的衣服。同樣的道理，你的人際關係網也需要經常清理。很多時候，當你要跟某人中斷聯繫時，你根本無須多說什麼。人海沉浮，當彼此共同的興趣或者話題不復存在，便是分道揚鑣的時候，中斷聯繫其實是個順其自然的過程。

清理人際關係網的道理也和清理衣櫃類似。帕朗提容許菲立普女士留下的衣服，當然是最美麗、最吸引人、也是剪裁最得體的幾套。「捨」永遠不是件容易的事，雖然有遺憾，但從此擁有的不僅都是最好的，更重要的是也有更多空間可以留給更好的。

如果我們對自己的人際網路做同樣的「清除」工作，在去粗取精之後，留下來的朋友不就都是我們最樂於往來的嗎？我們應該把時間與精力放在讓自己最樂於相處的人

身上。在平時需要奔波忙碌於工作、社交與生活之間的我
們，篩選人際關係網路是安排生活先後次序的第一步，也
是簡化我們生活的重要一步。

**總結** 　學會篩選你的人際關係網，放棄那些對自己沒有太多
幫助和對自己沒有多大興趣的人，把主要的精力放在對自
己未來發展有利的人身上，這樣可以讓你更好地掌控你的
人脈、生活與事業。

# 定期登門問候你的朋友

　　有的人總怕麻煩，不願打攪別人。所以，一年半載也不會去朋友家做客。但是，登門去拜訪拜訪老朋友，敘敘舊，不但能維護你們之間的關係，說不定還能碰到新的朋友呢，收穫可能會很大。

　　登門拜訪朋友雖然能給年輕人帶來很多的好處，但是拜訪一定要注意時間的合適性、距離的遠近性、交談的共同性、彼此融洽性，等等。

## 1.要選擇合適的拜訪時間

　　最好是在工作時間內，應儘量避免佔用對方的休息日、休假日或午休時間，如果沒有急事，應避免在清晨或夜間去拜訪。拜訪之前，最好以電話或通信方式與對方聯繫，約定一個時間，使被訪者有所準備，不要做「不速之客」。最好講明此次拜訪需佔用對方多長時間，以便對方安排好自己的事情。凡是約定的時間要嚴格遵守，提前5分鐘或準時到達，以免對方等得不耐煩。如果因特殊情況不能前往，應及時通知對方，輕易失約是極不禮貌的。

　　拜訪對方的時間，最合適的時間多半是在假期的下

午，平日的晚飯後；避免在對方吃晚飯的時間去找他；如果對方有午睡的習慣，也不要在午飯後去找他；當然，更不要在對方臨睡的時候去找他，一般在晚上9點半之後不適宜去拜訪了。如果在晚上11點後還去找人，可能被認為你不禮貌。

### 2. 開頭的客套話少不得也多不得

一見面，肯定朋友間會說一些客套話，但是客套話一般只作為開場白，不宜過長，因為過於客氣會使人產生陌生感。

朋友初次見面略談客套後，第二次、第三次的見面就應竭力少用那些「閣下」、「府上」等名詞，如果一直用下去，不在相當時間後廢去，則真摯的友誼必然無法建立。客氣話的「生產過剩」，必然損害輕鬆的氣氛。

客氣話是表示你的恭敬或感激，不是用來敷衍朋友的。

如果拜訪對象是熟人、老朋友，客套話過於濫用，彼此保持「過遠」的距離，就會使雙方都感到彆扭、不舒服，甚至還可能導致相互猜疑，產生誤會。長此以往，還會影響你們之間正常的友誼。

拜訪比自己級別高的人，或握有某種權勢、擁有某種優勢的人，不宜靠得很近，至於拍拍打打之舉更不可隨便

用。否則，對方就會認爲你是與他「套關係」，或者引起對方心理警惕，或者讓對方瞧不起你，或者引起旁人的嫉妒等，影響拜訪效果。

### 3. 儘量談一些共同的話題

任何人都有這樣一種心理特性，例如，同鄉或同一公司的人往往不知不覺地因同伴意識、同族意識而親密地聯結在一起，同鄉會或校友會的產生正是因此。若是女性，也常因血型、愛好相同產生共鳴。

如果你想得到對方的好感，利用此種方法，找出與對方擁有的某種共同點，即使是初次見面，無形之中也會湧起親近感。一旦縮短彼此心裡的距離，雙方很容易推心置腹。

### 4. 談話也要有一些愛好

表現出自己關心對方，必然能贏得對方的好感。

卡內基認爲：在招待他人或是主動邀請他人見面時，事先應該多少搜集對方的資料。這不僅是一種禮貌，而且可以滿足他人的要求，使他感受到你的關心和熱忱。

記住對方說過的話，事後再提出來當話題，也是表示關心的做法之一，尤其是興趣、嗜好、夢想等，對對方來說，是最重要、最有趣的事情。一旦提出來作爲話題，對方一定覺得開心。

### 5. 拜訪時的寒暄不能忽視

拜訪對方時要多利用寒暄，它是人們之間，尤其陌生人見面時的必要橋樑，似乎是上帝派來的隱身使者，能為人們搬走產生阻隔的山巒。寒暄，更為爭分奪秒者贏得必要的準備時間、積極進攻或防守的力量，為拜訪雙方驅走冬日的嚴寒。由此可見，寒暄並不是使人「寒」，而是給人「暖」。

拜訪時，我們還要注意以下幾點：

1.進門前要敲門或出聲打招呼。冒昧地闖入房門會使主人措手不及，讓主人覺得你沒禮貌、缺乏教養。

2.初次相見，要注重自己的儀表，不然別人會產生不悅之感。若有必要，給長輩或小孩帶點小禮品，禮輕情義重。

3.做客要有時間觀念，有話則長，無話則短，不要東拉西扯，廢話不斷；否則，會使主人不耐煩。

4.不要亂翻亂動主人的東西，甚至亂闖主人臥室，這樣並非親熱之舉，而是對主人不尊重，若觸及人家隱私，豈不彼此都尷尬？

5.做客既不要過於拘束，也不要輕浮高傲，落落大方才是做客應有的尺度。

6.告別主人時，應對主人的款待表示感謝，如有長輩

在家，應向長輩告辭。

7.若主人送出大門要及時請他們留步。切忌在門口廢話太多拖拖拉拉，使主人在門外站立過久。

**總結**

年輕人應該不怕麻煩的，定期登門問候自己的朋友，如果在拜訪自己朋友的同時又能注意到以上幾點，相信你一定會給對方留下一個良好的印象，讓彼此的關係更親近。

# 維護人脈要在平時下工夫

有些人做人往往過於功利，平時對人不冷不熱，甚至還冷嘲熱諷，有事時卻像是換了副臉孔似的，又是送禮，又是送錢，顯得特別熱情，但這樣的人往往很難成功。在聰明人的眼中，你只是把他當做了利用工具，如果你想比聰明人更聰明，就一定要用點「心機」，平時就要多多聯絡，多多下工夫，這樣在你遇到困難的時候，對方才願意幫助你。

很顯然，人與人之間的關係會隨著平時聯絡的增加而加深，而久不見面的朋友自然會日漸疏遠。

雖然你身為上班族，但也不要一天到晚都埋頭在辦公桌前，不論多麼忙碌的人，也總會有吃飯的時間和休息的時間。至於那些從事業務工作的人，更是整天都在外面奔跑，只有吃飯時間才會回到公司，這樣更能夠多利用在外面跑的機會，聯絡那些久疏聯絡的朋友。至於整日守在辦公桌邊的人，則不妨利用午餐時間，與在同一地區工作的朋友共進午餐。

與其每天一個人吃飯，不如偶爾也打個電話約其他

朋友一起吃頓飯，如果沒有時間一起吃飯，一起喝杯咖啡也可以。如果彼此的距離稍遠，坐計程車去也沒關係，反正只不過是一個月一次的聯誼。那些斤斤計較這些小錢的人，很難拓展自己的人際關係。雖然上班族的收入很有限，得靠省吃儉用才能存一點錢。但是，因此而失去了所有與朋友來往的機會，那可就得不償失了。更何況有許多人是斤斤計較這些小錢，卻又對大錢毫不在乎，這實在是本末倒置的做法。

在外面奔波的人不妨利用機會順路探訪久未見面的朋友，即使是五分鐘也可以；或是利用中午休息時間和對方一起吃頓便飯。雖然只有短短的五分鐘，卻對與對方保持長久聯繫非常重要。

下班後，大家一起喝杯茶。不論是迎新送舊還是大功告成，找各種理由大家一塊兒聚聚，這不只是大家互相聯絡感情，也是鬆弛緊張許久神經的好機會。人原本就有喜新厭舊的本性，比起早已熟知的朋友，新朋友更能吸引我們的好感而頻頻與之接觸。

對人情的投資，最忌諱的是急功近利，因為這樣就成了一種買賣，說難聽點就是一種賄賂。如果對方是有骨氣之人，更會感到不高興，即使勉強接受，也並不以為然。日後就算回報，也是得半斤還八兩，沒什麼好處可言。

平時不聯絡，事到臨頭再來抱佛腳也來不及了。人脈不只在建立，也要重視平時的經營，否則時間長了，人脈也變成了冷脈。

**總結**　俗話說：「平時不燒香，臨時抱佛腳。」那樣佛祖雖靈，也不會幫助你。因為你平常心中就沒有佛祖，有事再來懇求，佛祖怎會當你的工具呢？所以我們求神，自應在平時燒香。而平時燒香，也表明自己別無希求，完全出於敬意，而絕不是買賣；一旦有事，你去求它，它念在平時你的燒香熱忱，也不會拒絕。

# 適當的距離感是維護人脈的上上策

再好的朋友如果天天見面，也未必是一件好事。保持一定的距離，才能讓人脈長久。

交到好朋友難，保持友情更難。彼此是好朋友，那為何還要保持距離？這樣會不會讓朋友間彼此疏遠，顯得缺乏繼續交往下去的誠意呢？你肯定會為這些問題擔心。但事實證明，很多人友情疏遠，問題就恰恰出在這種形影不離之中。

距離是人際關係的自然屬性。有著親密關係的兩個朋友也毫不例外，成為好朋友，只說明你們在某些方面具有共同的目標、愛好或見解以及心靈的溝通，但並不能說明你們之間是毫無間隙，可以融為一體的。任何事物都存在著其獨自的個性，事物的共性存在於個性之中。共性是友誼的連接帶和潤滑劑，而個性和距離則是友誼相吸引並永久保持其生命力的根本所在。

在文壇，流傳著一個關於兩位文學大師的故事：

加西亞‧瑪律克斯是1982年諾貝爾文學獎獲得者，

巴爾加斯‧略薩則是近年來被人們說成是隨時可能獲得諾
貝爾文學獎的西班牙籍祕魯裔作家，他們堪稱當今世界文
壇最令人矚目的一對冤家。他倆第一次見面是在1967年。
那年冬天，剛剛擺脫「百年孤獨」的加西亞‧瑪律克斯應
邀赴委內瑞拉參加一個他從未聽說過的文學獎項的頒獎典
禮。

　　當時，兩架飛機幾乎同時在卡拉卡斯機場降落。一架
來自倫敦，載著巴爾加斯‧略薩，另一架來自墨西哥城，
它幾乎是加西亞‧瑪律克斯的專機。兩位文壇巨匠就這樣
完成了他們的歷史性會面。因為同是拉丁美洲「文學爆
炸」的主帥，他們彼此仰慕、神交已久，所以除了相見恨
晚，便是一見如故。

　　巴爾加斯‧略薩是作為首屆羅慕洛‧加列戈斯獎的
獲獎者來卡拉卡斯參加授獎儀式的，而瑪律克斯則專程前
來捧場。他們幾乎手拉著手登上了同一輛汽車。他們不停
地交談，幾乎將世界置之度外。瑪律克斯稱略薩是「世界
文學的最後一位遊俠騎士」，略薩回稱瑪律克斯是「美洲
的阿馬迪斯」；瑪律克斯真誠地祝賀略薩榮獲「美洲諾貝
爾文學獎」，而略薩則盛讚《百年孤獨》是「美洲的《聖
經》」。此後，他們形影不離地在卡拉卡斯度過了「一生
中最有意義的4天」，制訂了聯合探討拉丁美洲文學的大綱

和聯合創作一部有關哥倫比亞-祕魯關係小說。略薩還對瑪律克斯進行了長達30個小時的「不間斷採訪」，並決定以此為基礎撰寫自己的博士論文。這篇論文也就是後來那部磚頭似的《加夫列爾‧加西亞‧瑪律克斯：神者的歷史》（1971）。

作為友誼的黃金插曲，略薩邀請瑪律克斯順訪祕魯。後者謂之求之不得。在祕魯期間，略薩和妻子乘機為他們的第二個兒子舉行了洗禮；瑪律克斯自告奮勇，做了孩子的乾爹。孩子取名加夫列爾‧羅德里戈‧貢薩洛，即瑪律克斯外加他兩個兒子的名字。

但是，正所謂太親易疏。多年以後，這兩位文壇宿將終因不可究詰的原因反目成仇、勢不兩立，以至於1982年瑞典文學院不得不取消把諾貝爾文學獎同時授予瑪律克斯和略薩的決定，以免發生其中一人拒絕領獎的尷尬。當然，這只是傳說之一。有人說他倆之所以鬧翻是因為一山難容二虎，有人說他倆在文學觀上發生了分歧或者原本就不是同路。更有甚者是說略薩懷疑瑪律克斯看上了他的妻子。這聽起來荒唐，但絕非完全沒有可能。後來，沒有人能再把他們撮合在一起。

由此例可見，即使是再親密的朋友，彼此之間也應該

保持適當的距離。

　　朋友相處，重要的是雙方在感情上的相互理解和遇到困難時的互相幫助，而不是瞭解一些沒有必要的東西。也可以說，心靈是貼近的，但肉體是保持距離的。中國古老的箴言「君子之交淡如水」便是這一道理。

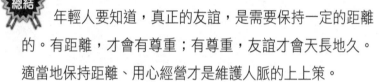

　　年輕人要知道，真正的友誼，是需要保持一定的距離的。有距離，才會有尊重；有尊重，友誼才會天長地久。適當地保持距離、用心經營才是維護人脈的上上策。

# 踢走人脈裡的小人

我們都知道，狼沒有黑熊那般巨大的身形，沒有獅子的爆發力，可是牠為什麼會成為一種攻擊性很強的動物呢？答案是，狼平時很會隱藏，常常趁獵物不備的時候，一口將對方置於死地。

狼的這種善於在背後攻擊的品性，在人群中也不少見。

在某電視臺的新聞部裡，小吳與小王是很好的朋友。他們原是中學同學，後來又進了同一所大學，可謂是「患難朋友」了。他們既是同學關係又是同事關係，所以兩人都很珍視這份緣分。後來，新聞部裡要在小吳他們這組選拔一位中層主管。消息傳開後，他們這組的人都聞風而動，託關係，找路子，都希望自己入選。但後來傳出內部消息，老闆主要在考察小吳與小王。他們倆的能力都很突出，尤其是小吳，能辦事，為人也不錯。所以大家一致認為非小吳莫屬了。因此大家都準備好，等上司一宣佈，就要讓小吳請客了。

幾天後結果下來了，令大家吃驚的是，入選的不是小吳，而是小王。原來，小王四處活動遊說，在上司面前極盡獻媚之能事，除大大誇張自己的能力外，還處處給老闆一個暗示——小吳有許多缺點，他不適合這份工作。小王與小吳相處多年，找出一些小吳的失誤毫無困難，加之小王又編造了一些似乎很有說服力的證據。小王的這種陰謀活動終於讓小吳淘汰出局。

你拿他當朋友，他卻在背地裡對你使壞，這其中的傷害可想而知。其實朋友變成同事，這種關係最不好處理。因為你們彼此都知情知底，很容易揭對方的傷疤。所以處於競爭當中的同事，必須時刻小心提防，特別要對知根知底的「朋友」防一手。正如小吳的遭遇一樣，他處於一種「防不勝防」的被動而尷尬的境地。其實，他沒有明白這一點：只有進攻才是最好的防守，而絕不能一味防守，否則就會成為替罪的羔羊。

要想得心應手地周旋於人脈場上，年輕人就要學會對那些「小人」的動作作出冷靜客觀的判斷，並把這動作和自己所處的環境結合起來進行思考。然後，你便會發現其中的玄機。我們雖不可為了保護自己而過於謹小慎微，但無論如何，「防人」還是必要的。正是因為有了這種「防

護之心」，你才能免於遭受身後那隻躲藏的「狼」偷襲。

　　中國有句古話：「害人之心不可有，防人之心不可無。」人人在其工作、謀生的圈子裡都有可能遇到種種「陷阱」，雖然我們未必是設「陷阱」的人，但是如果要做人脈場上的贏家，就必須連別人也考慮進去，防止可能會出現的麻煩。

**總結**　在管理自己的人脈資源時，我們應該及時發現那些小人，把他們踢出你的人脈資源網。要記住，你的人脈資源並不是只帶給你溫馨怡人的情誼，它也有著偽情和欺騙的一面，所以，及時地清除你人脈衣櫃裡的小人是十分有必要的。

# 你的人脈庫中是否有這樣的朋友

有個著名雕刻家說過，雕刻就是把不需要的部分去掉的一種藝術。這話說得十分精闢，不只是適用於藝術，也適用於人脈。交友也可以這樣說，要想知道哪些人可交，關鍵在於要知道哪些人不可交。換一種說法，也可以表述為交友的藝術就是一種分辨哪些人不可交的藝術。那麼，對於年輕人來說，哪些人不可交呢？

## 1.太注重個人利益的人

世界上不可能有完全不為自己打算的人，這是每個人都知道的生活常識。但一個明事理、有道德的人，不可能只想到自己，不顧顏面地為自己謀私利。那些只考慮自己的人，只想到個人利益的人，最易傷害的不是跟他生疏的人，而是和他比較熟悉、比較親近的人。因為生疏的人，本來就和他沒有交往，他想跟人家計較是沒有條件、沒有基礎的；而熟悉的人、親近的人和他們有較多的接觸、較多的交往。在接觸和交往中，他們為了個人利益，處心積慮、想方法占熟人的便宜。為了一點蠅頭小利，他們甚至不惜背叛朋友以滿足自己可笑的欲望。

這樣的人，如果把他當做朋友，便會吃虧上當，給自己帶來麻煩，還是不交爲好。

## 2.雞蛋裡能挑出骨頭的人

有一種人，他們無論和什麼人打交道，無論做什麼事，都能在雞蛋裡挑出骨頭。這種人的特點是看什麼都不順眼，看什麼都不如意，看別人不是這裡有問題，就是那裡有毛病，他們能在最完美的東西中發現不完美，他們能在沒有問題的地方找出問題，他們能在讓人尊敬的人身上發現不能讓他滿意的蛛絲馬跡。他們表面看來和你關係好像不錯，但是只要一轉身，他們馬上便會傷害你。

## 3.缺乏生活常識的人

人可以說都是世俗的、平凡的。但在生活中不可缺少的客套和禮節，正常的人都知道且能正確運用，但一些人由於性格的原因，便不會說一些必要的客氣話，做一些比較得體的事。這種人，無論有意還是無意，無論是個人原因還是性格原因，都不可作爲深入相交的對象。如果與之爲友，會給自己帶來不必要的麻煩，甚至會因爲交上了這樣的朋友而讓別人懷疑你的人格，最起碼會給你帶來一定的負面影響。

## 4.忘恩負義的人

點滴之恩，當湧泉相報，這是做人的基本常識。如果

與知恩不報、忘恩負義的人為友，就等於是自掘墳墓。例如，有人收養了一個孤兒，花了幾十年心血，孤兒上了大學，找到了很好的工作。收養者年老重病在身，看病住院耗盡家產，便讓自己的孩子到孤兒院去借錢，這個人知道老人的病已經無藥可醫，只給了恩人的孩子一點點，且對恩人的孩子說：「今後不要再來找我！」這樣的人，最好不要和他交往。

**總結** 有時候雖然知道哪些人不可交，卻不能在生活中準確地作出判別。因此要分辨出哪些人不可交，關鍵在於我們能在生活中理性地分清他們的行為，這樣才能真正避開那些不可交之人。

# 第五章

# 活用各種關係辦事

人緣關係已經被人們視為一種有效的資源，這是不爭的事實。

只要多花心思、用點技巧，讓他人為我們辦事並不是不可能的事。

請他人幫忙也要給予適當的回報

只要肯開口，就有任何機會。

# 巧用同學關係辦事

　　有的年輕人認爲，同學之間只不過那幾年的緣分，時過境遷，相互之間也就沒什麼值得留戀的了。其實這種想法是錯誤的。如果能和以前的同學保持聯繫、維繫感情，說不定良好的同學關係能在你危急關頭幫上大忙，或許還能幫助你成就一番事業。

　　那麼，該如何巧用同學關係爲自己辦事呢？

　　首先，向同學袒露困難，讓其主動幫忙。

　　王勤經營著一家小公司，雖然發不了什麼大財，但每年的生意還算興隆，家中生活殷實富足。

　　可是天有不測風雲，由於不夠謹慎，他的一家上游供應商出了問題，貨款早已經匯過去了，可是供應商卻遲遲沒有發貨。等他來到那家公司探詢究竟時，發現已經人去樓空了。十幾萬元的貨款一下子沒了蹤影，他的生意馬上陷入了困境。爲了維持資金周轉，他必須爲他的客戶馬上進貨，可是貨款都沒了，又能到哪裡去進貨呢？

　　正當一籌莫展之際，他忽然想起一個人來，那就是

他大學時的同學杜濤。杜濤大學畢業後就從事了房地產行業。他從開始的一名小小的業務員，已經做成了一家建築企業的老總。現在，杜濤在行業內享有很高的知名度。

王勤認為自己只不過是在行業內的小公司而已，一般情況下還攀不上杜濤這個高枝。因此，他一直沒有主動接近過杜濤。可是現在，進貨的問題迫在眉睫，他公司的生死存亡就寄託在這一線希望之上了。

他找來杜濤的電話號碼，撥通了電話。杜濤瞭解了王勤的情況之後，為老同學的遭遇深感不幸。杜濤那裡正好有一筆存貨，對於老同學的這個請求，他答應把自己的存貨以較低的價格先轉讓給了王勤，並且對付款期限也給了他一定的寬限。這樣，王勤的公司有了喘息的機會，後來經過一番努力，公司終於走出了困境。

在這個例子中，如果不是杜濤的幫助，王勤的公司可能早就不存在了。雖然，王勤在平時並沒有與杜濤有過多的聯繫，但是在關鍵的時候他還是想辦法，向同學袒露自己的困難，請求發達的老同學幫忙，這使他順利地渡過了難關。

「家家有本難念的經。」走上社會後，昔日的同學所面臨的是不同的環境、不同的機遇，難免就會出現公司不

景氣、不被重用的境遇，而有的同學卻是意氣風發、春風得意。向同學袒露困難，可以得到同學的理解和同情，或許會得到一些機會。

其次，請同學幫忙也要給予適當的回報。

無論是自願的還是求上門去的，無論事情辦沒辦成，只要同學有試著幫助過你，都應該對同學表示感謝。

艾華畢業時沒有門路，找不到工作。透過同學華子的關係找到某公司人事處處長，請求在該公司工作。恰巧本公司缺乏這樣的人才，於是就留了下來，但並沒有確定成為固定員工。

艾華到該公司後，由於疏忽，並沒有及時通知同學華子。在一次聚會中，處長與華子見面，華子問起情況，方知其已經在公司上班了。那位處長是個重義氣的人，當時沒有說什麼，但心裡總覺得艾華辦事不周到、欠考慮。從此，對艾華「另眼相看」。

其實同學只是出於關心，並沒有什麼壞的念頭。而處長的想法是：「艾華不夠意思，不會辦事，有時欠考慮，不會有大的發展。」戴上這樣的有色眼鏡再去看人，當然就會有毛病。

不管怎樣，透過同學牽線搭橋，儘管同學沒有出什麼「力氣」，但缺少了這塊跳板，就無法將事情做好。透過同學的關係辦事，實際上也是使同學欠別人的人情，利用回報的方式表達自己的感謝是一種禮貌行為，同時也能夠使同學感到受重視，更為了以後自己再有求於人的時候方便開口。

**總結**　年輕人在平時就要和同學多多聯繫，借用同學關係辦事時也要講究技巧、講究策略，這樣既不傷害同學關係，也會辦成事。

# 是親三分情，借用親戚辦事

俗話說：「是親三分情。」在遇到困難的時候，年輕人常常能從親戚那裡得到有力的支持。而親戚也是我們辦事時的上選「橋樑」。

巧借親戚辦事，有以下兩個方法。

**第一，借親戚之「名」辦事。**

我們的親戚之中可能不乏一些有權有勢者，因此，我們不僅可以使用他們的權力來為自己辦事，必要的時候還可以借用一下他們的名聲辦事。

小賈在一家公司上班，最近公司有一個新專案需要申請一筆資金。而主管這件事的某部門副總李先生卻是個很「不好說話」的人，小賈所在部門的幾位主管輪番上陣，好像都沒什麼效果。

正在老闆都一籌莫展之際，小賈想起自己的伯父是位「大官」，借伯父之名可能會有效果。打定主意後，小賈就自告奮勇，想試一下。

第二天，小賈帶著禮品去了李先生家，一番寒暄

後說：「我伯父常稱讚你是個有才能的人，他說有一年……」

聽小賈這麼一說，李先生好奇地問：「請問你伯父貴姓？我認識他嗎？」

「噢，我伯父就是王××，王局長。」小賈裝作很不經意地回答。

「啊，我說呢！難怪你知道這麼多。你伯父可是個響噹噹的大人物啊，只可惜平時沒機會見面。」李先生感慨道。

「有機會，我幫您引薦一下。」小賈說。

「那太好了。」

……

接下來的事情就好辦多了。


從上述事例中可以看出，借親戚之「名」辦事有多容易，簡直就是「得來全不費工夫」。

當然，借親戚的名聲辦事，需要有權有勢的親戚，並且要辦一些正當的事情。如果借親戚之「名」去辦一些雞鳴狗盜的事情，那麼不僅會壞了親戚的名聲，而且自己也會遭到眾人的恥笑。

**第二，投桃報李，求親戚辦事。**

李淩今年27歲了，能力很強，做過幾年的生意，小賺了一筆。但他不滿足，總想做出點大事業。剛好村裡的魚塘要對外承包，他有心把池塘承包下來，只是手頭的資金不夠。

　　他左思右想，想到了他的一個遠房親戚，按輩分應該叫表舅的，承包了一個企業，經營得不錯，是縣城有名的「土財主」。可是李淩想到自己與他關係疏遠，好長時間沒有走動了，貿然前去，顯得突兀不說，事情肯定辦不了。怎麼辦呢？他決定先把關係搞好，和這位表舅親近起來。

　　他打聽到這幾天表舅身體不太好，時常犯病，就看準時機，拎了一大包的滋養品，來到表舅家。

　　「表舅啊，有些日子沒來看你了，您老人家怎麼病了呢！年紀大了，可要多注意身體，別太操勞了。我這裡有點好東西，您好好滋補一下，身體肯定會好起來。」李淩非常熱情地說，並把東西放到了表舅的桌子上。

　　俗話說「禮多人不怪」，雖說兩家好長時間沒走動了，但今天外甥拎了那麼多的東西上門，而且是在自己生病的時候，這位表舅心裡格外高興：「小子，你今天能過來，表舅我就別提多高興了。今天中午我們倆好好聊一聊。」於是李淩就留下來熱鬧了一番。

自此兩家關係好了起來，以後李淩三天兩頭地來看他的表舅。表舅視李淩如親生兒子一般。李淩一看時機成熟了。這天他拎了兩瓶酒來到表舅那裡，兩人喝了起來。李淩說：「表舅，您老人家對我真是太好了，我都不知道怎麼說才好啊。」「孩子，什麼都不要說了，我們兩家誰跟誰啊，我是你長輩，往後有什麼困難儘管和你表舅開口。別的不說，怎麼樣你表舅也是有身份的人。」李淩聽後，故意做出激動萬分的樣子，並連忙把承包魚塘的事情說了。

　　表舅以長者的口吻說：「好啊，有志氣，有魄力，表舅大力支持……做人就應該做一番事業。想法很好，不過具體做時一定要慎重，年輕人千萬不能急躁。」李淩連忙點頭稱是，接著把資金短缺的事情也說了出來。最後，李淩順利地從表舅手裡借到了錢，並承包了魚塘。


　　李淩正是憑藉著與老舅的親密交往，才獲得了老舅的大力支持。這是一個典型的運用投桃報李法求親戚辦事的例子。

　　當然，現代的經濟社會裡，尤其是與經商有關的事，誰幫忙都講究經濟利益，而感謝幫忙的最好方式就是「投桃報李」。

需要注意的是，「投桃報李」是一種互逆的過程，也就是說，除了可先「投桃」後得到親戚的「報李」，也可先得到親戚的「報李」後再「投桃」。求助於親戚時，在親情互相信任的基礎上，先「投桃」與先「報李」都是無所謂的。先允諾「投桃」，從而得到對方的「報李」，往往對事情的成功更有好處。

**總結**　　人緣關係已經被人們視為一種有效的資源，這是不爭的事實。但是在借用親戚辦事的時候，一定要多多注意，以免破壞了原本和諧的關係。

# 父母的關係網是辦事的首選

　　對於部分年輕人來說，也許父母的關係網可以幫助他們辦成大事。一般來說，年輕人涉世不深，很少有成熟的社會關係。然而，從另一方面講，他們又面臨著各式各樣需要解決的問題，升學、就業、創業或者婚姻大事等。要解決這些問題，除了朋友有限的幫助之外，最好的辦法莫過於使用父母的關係網了。

　　當然，也許有的年輕人對於使用父母的關係網不屑一顧，他們認為這樣做就像依靠父母一樣，有些不光彩。其實，抱有這種心理完全沒有必要，因為沒有人可以創造出自己所需要的一切資源，也沒有人可以單槍匹馬地解決個人的任何問題。既然自己的朋友關係可以使用，那麼父母的朋友關係為什麼就不能使用呢？

　　而且，一般情況下父母的關係網要比自己的關係網有效得多。因為父母的關係網中多是父母的同齡人，他們與年輕人相比具有更深的閱歷、更豐富的經驗、更成熟的人際網路。因此，使用這些關係來辦事，具有更強的可靠性，也更容易獲得成功。

要想有效地使用父母的關係網，首先應當瞭解父母的關係網。

　　一般情況下父母的關係網也不外乎這幾類：父母的朋友關係；父母的同學關係；父母的同事關係；父母的工作關係，等等。

　　對於父母的這些關係網，你一定要有所瞭解。而要瞭解這些資訊，一是平常要多注意父母的談話，必要時還可以向他們詢問。另外，當你父母的同學或朋友到你家做客時，你一定要熱情地招待他們，儘量給他們留下良好的印象。

　　當父母向他人介紹你時，你也一定要好好表現自己，儘量要把自己優秀的一面展現給對方，必要的時候還可以向對方請教一些問題，或者主動提出自己的願望，希望對方多多關照等。當你遇到具體問題的時候，可以詢問父母是否有這方面的朋友可以幫上忙，向父母的老朋友或者老同學求助。

　　你也可以把父母在相關行業的同學、同事、朋友的電話號碼或其他聯繫方式記錄下來，像為自己的朋友分類建檔一樣，也為父母的關係網進行分類建檔。這樣你就可以對父母的關係網瞭解得更清楚。關鍵的時候，這張關係網就可以成為你辦事的得力助手。

其次，定期拜訪父母的老朋友。

用父母的關係網辦事，就要和父母的那些老朋友常聯繫，經常去拜訪他們。這樣，當你有事相求時才不會顯得突兀。

同時，在辦事之前我們一般要親自到父母朋友家中拜訪，緊急情況下也可以打電話向他們求助。但無論採用哪種方式，都應當安排妥善合理。因為父母的老朋友一般都是長輩，與他們交往要注意一定的禮節。

與其他關係網相比，向他們求助也有一定的優勢。經驗告訴我們一個真理：向專家和老闆求教，比向一般人求教更容易；向長者求教，比向你的同齡人求教更有效。因為大多數的專家、前輩，在被問及任何意見時，都會有一種責任感和榮譽感。甚至一般的長輩，被年輕人請教時，也非常願意把自己的人生經驗和收穫得失與年輕一代分享。

因此，要想靠父母的關係網辦事，就先安排點時間去拜訪「父母的老朋友」吧。平時多去拜訪父母的老朋友，多與他們交流溝通，加深感情，關鍵的時候他們就會拉你一把。即便他們對你求助的事情無能為力，他們也會為你提供有效的建議，給你更多的鼓勵和支持。

**總結** 活用父母的關係網辦事，有時也可以成為年輕人成功的捷徑。所以，平時一定要維護好父母的關係網，這樣在用起來的時候才好用。

190

# 另一半的關係網也可以用來辦事

依靠另一半的關係網辦事，在現代社會中也變得越來越突出了。因此，你有必要瞭解另一半的關係網，或幫另一半建立起個人比較實用的關係網。當有事需要幫忙時，在雙方的關係網中很容易就能找到目標對象，然後再採取各種策略，求其幫忙。

但也需要注意，利用妻子的名義去疏通關係，通常是與妻子關係較近的人才可行。比如妻子的親戚、朋友、同學等。親近的關係，也就能夠接受你、幫助你。

但有時候，商業上的合作，或者事業方面上的拓展。妻子雖是至親的人，但還是起不到完全替代丈夫的作用，丈夫去聯絡會更為直接、有效。

熊芳的丈夫李某就是如此辦成事情的。李某臨時要幫公司旅遊訂購機票。七月份，正是旅遊旺季可說是一票難求的時候，李某就是打著老婆的名義去找他的小舅子。李某特地強調說熊芳說了這事他肯定能處理擺平的。小舅子臨時有些為難。李某就激將一番：看來你姐是在我面前虛

誇你了，要不是你姐這麼說你，我也不會這樣跑過來。小舅子終於態度明確地表示盡力擺平。最終，事情有了完美的結局。

熊芳的丈夫就是利用妻子的關係網辦成事的。

利用另一半的名義去打點關係，首先要儘量詳細地瞭解對方，可從另一半的介紹中去瞭解，也可從一些現象中分析種種狀況。瞭解之後，就應想出對方可能會以什麼理由拒絕，或者可能會採取什麼態度，事情都想明白之後，就盡可能想出相應招數去實施。

所以，在請人幫忙時，不防利用另一半的關係網來辦事，這樣或許會收到很好的效果。

**總結** 用另一半關係網辦事時，你可以以另一半的名義為藉口，這往往更有效。因為對方畢竟和你的另一半更熟悉，辦起事來也就更加順暢、自然一些。

# 讓有錢朋友為你辦事

有些朋友在自己富貴發達之後，就逐漸與原先那些狀況並未有多大改善的老朋友疏遠了，甚至忘掉了老朋友，躲著老朋友。那麼，在這種情況下，處在原地低層次的朋友如何向已發達高層次的朋友開口請求幫忙辦事呢？

有以下三個方法可供參考：

## 1. 朋友間也要禮尚往來

因為是多年不見，是老交情，帶點禮物上門，是非常自然的，也是情感的表現。禮物不在多少，但它卻有把這麼多年沒有交往的空缺一下子填補之功效。

這禮物最好是對方舊有的嗜好，也可以是土特產，也可以是水果、酒及補品禮盒。

當然，禮物不同，見面時的說法也不同。若是舊友的嗜好之物，可以如此說「特意帶給老兄（老弟）的，我知道你最喜歡這東西」；若是土特產，可以如此說「帶給嫂子（弟妹）和孩子嚐嚐的」；若是紅包，那就得說「給大侄子大侄女的，買一件合適的衣服或買書」之類。只要走進了門，便有了開口求老朋友辦事的機會了。

### 2.對朋友以利益相誘

如果你意識到某事辦成的難度大，或者對方是一個一切向「錢」看的人，即使他幫你辦成，也會欠下一個天大的人情。這樣，你不妨乾脆以合作的態度去找他，以利益來驅動。

如果你把實情道出，說這是我自己的事，事成之後，我給你多少多少好處，對方可能會礙於舊交之面不好接受。那麼，你可以撒一個小謊，說這事是別人託你辦的，事後可以取得什麼好處，對方就會很坦然地接受，你也可以顯得不卑不亢，事後也避免欠下還不完的人情債。其實，這種方法也是當今社會很普遍的辦事手段，運用這種手段辦事，成功率往往很高。

### 3.喚起對方的回憶為你辦事

人人都會有許許多多美妙有趣的回憶。朋友之間的回憶也是最重要的辦事基礎，因為回憶過去，就喚起了雙方沉睡多年的交情，這交情才是對方肯為你辦事的中心和焦點。

當然，回憶過去，閒聊往事，也要有節有度，不要引起別人對你的反感，使自己達不到辦事目的。當年朱元璋當了皇帝後，先後有兩個少時舊友來找他求做官，一個說了直話，引起了他出身的尷尬，被殺了頭；而另一個說話

委婉、隱諱的朋友被朱元璋委以高官。

當然，求朋友辦事也不能無所顧忌，否則，就會破壞朋友之間的感情，使友誼出現裂痕和不愉快的陰影。為了避免這些要注意兩點：

### 1. 不勉強

當你事先不作通知，臨時登門提出要求，或不顧朋友是否情願，強行拉他與你同去參加某項活動，這都會使朋友感到左右為難。他如果已有活動安排不便改變就更難堪了。或許他表面樂意而為，但心中有幾分不快，認為你太霸道，不講理。所以，你對朋友有所求時，必須事先告知，採用商量的口吻講話，儘量在朋友無事或情願的前提下提出。

### 2. 留面子

求朋友辦事，與朋友及其家人閒聊過去，如果他的孩子和老婆在場，切忌大量提及讓其老婆孩子當成笑料的「樂事」及尷尬事，這樣可能會傷害對方在家庭中的權威，引起他對你的反感，而達不到辦事目的。

**總結**　求朋友辦事也是有一定技巧的。如果盲目、不顧對方感受為之，不但求對方辦事不成，也會讓你們的關係更加尷尬。

# 遠親不如近鄰，讓鄰居為你辦事

俗話說得好：遠親不如近鄰，近鄰不如對門。意思是說，居家過日子，若遇到個大事小情，鄰里的幫助及時、便捷要勝過親戚，因為親戚離得遠，遠水難解近渴，遠不如鄰居來得迅速。這話道出了鄰里關係友好相處的重要性。

在日常生活中，誰都免不了託付鄰居幫忙辦事。比如出遠門了，告訴鄰居幫著照看一下家；有人生病了，求鄰居幫忙送到醫院；有重物要搬，自己一個人做不了，求鄰居幫一下等，在很多時候都是離不開鄰居的。很多處得好的鄰里關係都變成了真誠的朋友關係。

只要有人，就會有人與人的交往；只要有家，就會有家與家之間的交流；只要有鄰居，就會有鄰里關係。

劉家和王家是住在一個院子裡的鄰居。劉家三代同堂，王家只住著小倆口，小王時常去劉家聊天，劉家阿姨也把他當自己家人看待，有時也不讓他們做飯，到劉家聚在一起吃。有一次，小王所在的公司安排小王去外地管理

分公司，時間是兩年，他和妻子商量時，妻子比較贊同，也支持他去，可是他又認為時間太長，不忍心丟下妻子一人。他找到劉阿姨，問自己該怎麼做，劉阿姨為他能信任自己而高興，也鼓勵他做出點事業來。小王聽後，認為頗有道理。最後，劉阿姨還說會幫他把他的妻子照顧好，讓他放心地去做自己該做的事。

　　小王由於和劉家的良好鄰里關係，不僅從劉阿姨那得到了不錯的建議，也答應他照顧好他的妻子，免去他的後顧之憂。

　　鄰里間互相幫助對生活和事業都有很大作用，處理好了鄰里關係，他們會在關鍵時刻替你解燃眉之急。

　　那麼，年輕人該怎樣維持與鄰居的關係呢？

### 1. 好事同慶

　　好事同慶，是維繫和促進鄰里關係友好的最佳機會。

　　鄰居辦喜事，道一聲祝賀，送一份禮；鄰居的兒子考上大學，也不失時機地說兩句祝福的話都是十分必要的。

　　而當自己的家中有喜事，同樣也可以請鄰居小聚，讓這樂融融的氣氛融洽彼此的關係。

### 2. 主動給鄰居幫忙

　　要求得鄰里的幫助，我們就應該在適當的時候先去幫

助鄰居。例如，詢問身體狀況、事業發展、家人情況等，或是記住對方曾經說過的話，然後向對方表示「您曾說過……」，這樣，鄰居會感受到這種關心。

**總結** 只有鄰里間平時互相幫忙，在你遇到困難時才會更容易地得到鄰居的幫助。所以，在平時一定要注意與鄰居搞好關係，主動幫鄰居的忙。

# 同鄉是很好的辦事資源

中國人自古以來就對故鄉有一種特殊的感情，所以往往愛屋及烏，愛故鄉，自然也愛那裡的人。於是，同鄉之間，也就有著一種特殊的情感關係。既然是同鄉，那涉及某種實際利益的時候，則是「肥水不落外人田」，只能讓「同鄉圈子」內的人「近水樓臺先得月」。這些都為求同鄉辦事打下了堅實的基礎。

具體來說，求同鄉辦事有以下幾種方法：

## 1. 用「鄉音」辦事

既然是同鄉，就必然有共同的特點存在於雙方之間，其中很重要的一點就是「鄉音」。清朝末代的大太監李蓮英的發跡可以說是運用了此種技巧的典型例子。

李蓮英出身貧苦，個子瘦小，若以當時清朝宮廷太監的標準來衡量，他是根本不夠資格的。可是在一次偶然的機會，李蓮英聽說在宮廷中有一個太監是他同鄉，且是同一村的。於是，他大膽地去找了這個同鄉。

李蓮英當時很窮，沒有錢買東西去送禮。他知道這位

同鄉很重鄉情，但怎樣做才能引起同鄉的注意一直困擾著他。

終於，他想出了一個辦法。一天，他看準了這位同鄉出來當值時去報名，然後用一口道地的家鄉話說出了自己的姓名與籍貫。李蓮英的這位同鄉聽了這聲音，身體不由得抖了一下，遂抬頭看了看眼前的這位小同鄉，心裡暗暗記了下來。

後來，在這位同鄉的幫助下，李蓮英做了慈禧太后梳頭屋裡的太監，以梳得一頭好髮型深得慈禧寵愛，最後成了慈禧太后面前的大紅人。

李蓮英只說了幾句「鄉音」就博取了對方的注意與好感。

用家鄉話作見面禮，可以說是獨樹一幟的，它不需要物質上的東西。在這裡，有一點是相當重要的，那就是運用這種方法的場合最好是在異鄉，因為在異鄉才會有戀鄉情緒，才會「愛鄉及人」，這時再來個「他鄉遇同鄉」，哪有不欣喜之理？對方離鄉愈久，離鄉愈遠，心中的那份情就愈沉、愈深。因此，越是這種情況，越要運用「鄉音」這種技巧，你就會得到同鄉所給你的種種好處。

### 2.用「鄉物」辦事

什麼樣的水養什麼樣的人，在一個地方長大之後，或許有許多事情都已經淡忘，但是生活習慣是不容易變化的，心中的烙印不會變化。家鄉的特產就能引起同鄉的諸多感受，勾起共同話題，藉以拉近彼此之間的距離，易於溝通，從而能很好地辦事。

　　同鄉之間除了可用「鄉音」引起共鳴外，「鄉物」也是一樣，它是很普通的東西，本身也許並不貴重，但其中所包含的情意卻非「鄉外人」能看出來、體會出來的。它會有著勾起同鄉思鄉之情的作用，然後會在這種感情的支配下，對你這位同鄉「另眼相待」，照顧有加。

### 3.用「鄉情」辦事

　　中國人自古就有著強烈的鄉土觀念，其主要表現就是對同鄉人有一種天生的熱情。因此，如果能好好利用同鄉關係，不但可以多幾個朋友，更重要的是辦事時能得到關照。

　　某知名企業家李先生原是湖南人，戰爭時，由於兵荒馬亂，他跟著父母逃荒到廣東，後就在那裡定居下來。改革開放以後，李先生創辦了一個工廠，經過幾年的奮鬥與拼搏，現已成為同行業中的佼佼者。李先生雖已成家立業，但時時刻刻都在想念著家鄉，但苦於工作太忙，無法

回去。

　　這時，李先生的家鄉為了創辦當地特有的產品加工廠，需一筆不小的資金，當地政府籌不夠錢，於是派小孫去找李先生，希望能得到援助。

　　小孫看了李先生的詳細資料後，便判斷李先生這時也很有為家鄉投資的意向。因此，他獨自一人前往廣東，且信心十足。

　　當李先生聽到家鄉來人時，在欣喜之餘也感到有些驚訝。因為久不聞家鄉的訊息，突然有人來了，該不會是招搖撞騙之人吧！

　　小孫一見李先生這種神情，知道他還未完全相信自己。於是他挑起了家鄉的話題，只講家鄉之前30年的風貌變化，他那生動的語言，特別是那濃濃的愛鄉之情溢於言表，令李先生深受感動，也將他帶回了童年及少年時期，蘊藏在心中的那份幾十年的感情全部流露了出來，欲罷不能。

　　就這樣，經過3個小時的「聊天」，小孫對借錢一事，隻字未提，只是與李先生回憶了家鄉的變遷。最後，李先生不但主動提出要為家鄉捐款一事，還答應了與家鄉合資開工廠的要求。

小孫就是充分抓住了李先生的心理特點，抓住了李先生心中那份埋藏幾十年的思鄉之情。不但此行的任務圓滿完成了，還了卻了李先生的心願。

　　總之，在求同鄉辦事的時候，用以上三種方法，也許會事半功倍，取得不錯的效果。

**總結**

　　要與一個久離家鄉的同鄉處好關係，有一種特別有效的技巧就是：運用你的語言技巧，與同鄉談起家鄉的話題，以此來觸動他的思鄉情緒，達到共鳴，從而使同鄉之間的關係更進一層。運用鄉情辦事，事情就會變得好辦多了。

# 讓老闆為你辦好私事

　　在我們生活和交際的範圍內，老闆就好比是一棵大樹。善於利用這種關係，能使年輕人辦好很多憑一己之力難辦的事。但求老闆幫你辦私事也得把握一定尺寸。那麼，具體說來，年輕人該如何利用老闆關係來為自己辦事呢？

## 1.引起老闆的「同情心」

　　惻隱之心，人皆有之，即使身為高官的上級也不例外。求老闆辦事能否獲得應允，有時恰恰是這種同情心起了作用。

　　你可以把自己所面臨的困難原原本本地向你的老闆傾吐出來，越是給自己帶來遺憾和痛苦的地方，則越應該大力渲染。這樣，老闆才願意以拯救苦難的姿態向你伸出援助之手，讓你終生對他感恩戴德。而他也因為自己的公正之心、慈悲之心和仁愛之心產生一種偉大的濟世之感。

　　另外，要引起上級的同情，必須瞭解上級的人生經歷，從上級曾經切身感受過的事情入手，在人之常情上下工夫，把自己所面臨的困難說得合情合理，令人痛惜惋

惜。

此外，要引起上級的同情，還必須瞭解上級的心意，瞭解他平時愛好什麼，讚揚什麼，又憤慨什麼，瞭解他的情感傾向和對事物善惡清濁的評判標準。

### 2.尋求老闆的理解和支持

求老闆辦事時，如果沒有得到他的理解，他就會認為你提出的要求十分過分，或者認為你請求辦的事有些超過了，那麼，事情就變得難辦了；如果老闆能理解你的苦衷，知道你要辦什麼事，為什麼要辦這件事，他就會支持、鼓勵你，問題也就迎刃而解了。

尋求老闆的理解和支援，可以借助話題引入自己的事：比如透過談工作的事引入自己的事；透過談生活的事引入自己的事；透過談社會的事引入自己的事；透過談家庭的事引入自己的事；透過談老闆關心的事引入自己的事；透過談自己關心的事引入自己的事。

尋求老闆的理解和支持，說話要有邏輯性、條理性，讓人感到有理有據。

### 3.得到老闆器重

在工作公司裡，能否得到老闆的器重是一件十分重要的事情。得不到老闆的器重，就意味著失去發展的機會。若能得到老闆的器重，不僅能讓你的事業平步青雲，求其

辦事也不會困難。

得到老闆器重，最基本的就是服從命令。在工作中，肯動腦子，會表現，主動出擊，經常能讓老闆滿意地感受到他的命令已經圓滿地執行，而不是僅僅把老闆的安排當成應付公事，不重視資訊回饋，甚至「斬而不奏」。

在工作中勇於分擔重任也十分重要。

對於老闆來說，公司中一些吃苦受累的重活必須有人替他分擔，在別人推脫的時候，如果你站出來替老闆把重擔挑起來，老闆必定會對你刮目相看。因為大多數老闆都不喜歡那些在工作上和他討價還價的下屬，他只欣賞那些能為他著想、為他分擔重任的下屬。

求老闆辦私事要掌握方法，更要掌握尺寸。有兩點需要我們特別注意：

### 1. 切忌不看準時間和把握火候。

辦事前，最好先從側面瞭解一下他的心情如何。如果老闆的心情不佳或正處於繁忙工作中，不要找他；如果趕上吃飯時間或節假日時，也不要找他。因為在這些時間，你同他談與工作不相干的問題，他多半會拒絕。凡他拒絕的事你若再提起，只會增加不愉快，還會給老闆留下一個難纏的印象。所以，託老闆辦私事時，選好時機是很重要的。

### 2.切忌不分大事小事都找老闆去辦。

如果你拿一些雞毛蒜皮的事找老闆，不但讓老闆認爲你太缺乏能力，而且會讓他覺得你這人太不值錢，甚至會認爲你辦事能力欠缺。所以，找老闆辦事，最好是關係到你的切身利益，或你另一半的事，或孩子的事，或直系親屬的事。

**總結** 人生活在世上，有許多事情憑我們的一己之力是無法解決的，這時，讓老闆爲你辦好難辦的私事，不愧是一種好方法。

# 讓同事愉快地為你辦事

現代社會，同事之間更需要同舟共濟，特別是在一起共事，友誼會自然而然地產生。一個人在家與家人相處和在公司與同事相處的時間幾乎差不多，如果在辦事時，不會利用同事關係，不但有些事辦起來費勁，還會使人覺得你沒有人緣。

那麼，年輕人該怎樣利用同事辦好事呢？

你想求同事辦事，首先就得先洞察對方的心理，看對方願不願意幫你，能幫到什麼程度，假如對方根本無法完成此任務，你求他也是白求。

洞察同事心理最好的辦法就是透過對方無意中顯示出來的態度及姿態，瞭解他的心理，有時能捕捉到比語言表露更真實、更微妙的思想。

當然，對請託對象的瞭解，不能停留在靜觀默察上，還應主動偵察，採用一定的偵察對策，去激發對方的情緒，這樣才能夠迅速準確地把握對方的思想脈絡和動態，從而順其思路進行引導，這樣的會談易於成功。

其次，請求同事辦事，要把握好恰當的時機。對方

時間寬裕、心情舒暢時，請求他做點事得到回應的可能性很大；相反，對方心境不佳時，你的請求可能只會令他心煩；對方正忙於某項事情時，你提出請求一般很難得到確定的答覆。因此要在恰當的時機提出誠懇的請求，利用情義打動同事，這是辦事取得成功的一個很重要的辦法。

在請求同事辦事的時候，還有以下四點需要年輕人特別注意：

### 1. 託同事辦事要注意禮貌

同事之間一般沒有太深的交情。因此，說話一定要客氣，而且要以徵詢的口氣與同事探討，使他們有被尊重的感覺，能樂意幫你辦事。辦完事之後，一般不要用錢來表示謝意，客氣幾句，說聲謝謝就可以了。如果執意要拿錢來表示，容易引起同事的反感，會給大家留下壞印象。

### 2. 託同事辦事要有誠意

同事之間瞭解得比較多，如果找同事辦事神神祕祕，不把事情說明白，容易使同事產生你不信任他的感覺。因此，找同事辦事就要先說明究竟要辦什麼事，坦言自己為什麼辦不了，為什麼要找他。這樣，精誠所至，同事只要能辦到的事，一般不會回絕。

### 3. 要注意有些事不能託同事辦

自己能辦的事儘量自己去辦，這樣的事求同事辦會使

人感到你以老大自居，這樣既可能耽誤事，又影響同事之間的感情。

如果同事不能直接辦，也得「人託人」，費周折，這樣的事，不如轉求他人。和同事利益相抵觸的事不能找同事去辦，即使這利益涉及的是另一個同事。

求同事辦事的過程中，只有注意這些才能既維護同事關係，又把事情很好地辦成。

**總結**

每一個人在公司都有表現自己的欲望，求同事辦事就等於為他提供了一次表現個人能力的機會，即使遇到困難也得辦，即使有時擔心老闆不滿也得辦，以此在同事中維護自己的好形象。同事的事和公司的事一樣，每個人都會感到自己有一份責任和義務。因此，找同事辦事不用存有任何顧慮，該張嘴時就儘量張嘴。

# 讓客戶為你辦事的技巧

在工作中，年輕人需要與各式各樣的客戶打交道。如何才能說服顧客，讓客戶心甘情願地與我們合作，為我們辦事呢？

一般來說，有以下幾種方法：

## 1.用真情推倒你與客戶之間的心理圍牆

年輕人與客戶之間除了業務來往之外，還要進行一些正常的人情交往，這對我們業務上的經營是大有幫助的。用一些真情推倒你與客戶之間的心理圍牆，便能達到意想不到的效果。

有位女推銷員，每天中午休息時間便進入各公司拜訪，有時是口香糖，有時是一顆酸梅，一一分送給在場的每個人。因為吃完飯後，來片口香糖或一顆酸梅，精神會格外清爽。而這種小禮物是人際關係中最好的媒介，它能將準客戶與推銷員之間的圍牆推倒。

像例子裡的推銷員一樣，你也可以經常送給客戶一

些特製的廣告品，如筆、便條紙、記事簿、文具之類等。禮物不需要過於昂貴，以免造成對方心理負擔，只要能打動對方心弦的禮物即可。這種方法可以調節客戶的思想情緒並為之創造出一個主動進行合作的氣氛。但需要注意的是，贈送的態度要爽朗，這樣才能使接受者愉快。

### 2.抓住客戶的心理，用言語暗示

同客戶辦事時，也要善於抓住對方心理，妙用語言暗示。

紐約有兩家大公司，一是巴頓公司，一是奧思蒙公司。巴頓公司的經理約翰，想把巴頓公司和奧思蒙公司合併成一個控股公司。有一天，他不著痕跡地向奧思蒙公司的經理說了一句效力極大的話。而兩個公司，竟然因他這句話合併起來，實現了約翰的願望。

約翰說了一句什麼話，竟然產生了如此大的效力？情形是這樣的：

有一天，約翰對奧思蒙公司的經理說：「前天晚上，我注意到，你們的經銷處與我們的經銷處並沒有利益上的衝突，而且我們的主顧客也各不相同。」

「這是什麼意思？」那位經理問道。

「我只是隨便說說而已。」約翰說完，就微笑著走開

了。

可是，約翰已把自己的意思，也就是兩家公司合併後只有好處這一觀點深植在那位經理的腦海之中。

此後好幾個星期，那位經理都在研究這個問題。在日後他們正式會晤的時候，第一個仔細討論的話題，竟是那規模宏大的合併事業。

約翰所採用的策略，在你與客戶的辦事過程中是值得借鑒的。當你在與客戶辦某一件事時，不要直言相告，而是要抓住對方的心理，暗示對方，這樣也可能收到更好的效果。

### 3. 平衡你與客戶間的利益

任何人在求客戶辦事時，都是在與對方交換著某些東西。所謂交換，可以是物質的，也可以是非物質的，你的某種能力對方認為很需要，那你的某種能力就可以作為交換條件；你的某位親戚是個有地位的人，對方若認為有可能會用到你的親戚，那麼你這位親戚的財勢地位，就可以作為交換條件；你的社交能力特別強，對方認為你有很好的前途，這個也可以作為你的交換條件。

求客戶辦事，首先要讓對方知道你也有能力為他辦事，他能從你這裡得到好處，或者知道你有使用價值，這

種情況下，你再開口，所求之事就會大功告成。

　　不管辦什麼事其實都是為了獲得某種利益，而要透過別人獲得這種利益，又必須保持一種相對穩定的利益平衡關係。就是說在利益問題上不能總一頭大、一頭小，不能讓對方一味地付出，即便這種付出只有一點點，也不可以。因為，久而久之積少成多，問題就會顯現出來。

　　因此，找客戶辦事，要在客戶付出之前或付出之後讓他有所得，要讓他心甘情願地付出。這就需要給予他們一定的回報。在求客戶辦事的過程中，一定要把握好這種利益平衡關係，這樣才能辦好事。

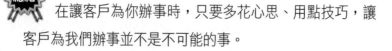

　　在讓客戶為你辦事時，只要多花心思、用點技巧，讓客戶為我們辦事並不是不可能的事。

# 小人也可以用來辦事

不管你願意還是不願意，生活中都不可避免地會碰到小人。小人常常見風使舵，見利忘義，並在背後耍小動作。雖然被多數人所不齒，可是偏偏這種人卻在各級老闆間能左右逢源，公司中的每件好事幾乎都要沾上他。有時，你辦事情還得靠他出馬。

其實小人也是可以用來辦事的。但是讓小人為我們辦事，特別是讓其為我們辦正事並非一件易事。但如果年輕人能採取一定的策略，對準他們的要害，也是能達成所願的。

### 1.利益面前，小人崛起

小人多見利忘義，而有很多小人因為捨得「投資」，他們的關係網還是比較廣的。利用這樣一個特點，可以在自己困難的時候，以利誘之，讓他們幫助自己解決困難，從而實現以小利換大利。同時，多方事實也已證明，小人也樂於此種「利誘」，並心甘情願地為你辦正事。

### 2.動機高尚，小人願為

很多人都把自己看得很高，都認為自己是一個善良而

高尚的人，小人也不例外，儘管他心地險惡，背地施招，
但他在表面上還是虛僞地展現他善良高尚的一面。

心理學大師摩根也認爲，每個人的行事都有著兩個理
由：一是真正的原因；二是聽起來很動聽的理由，都喜歡
給自己的行爲賦予一種良好的解釋。因此，我們也可以給
那些僞裝著善良與高尚的小人一個高尚的動機，讓他們來
爲我們辦正事。

### 3. 引蛇出洞，逼其就範

無意識的打草驚蛇，會使對手有所警覺，有所防範；
有意識的打草驚蛇，卻可以使對手驚慌失措，答應你所提
的要求。

託小人辦事時可以使用「打草驚蛇」這一招，引蛇
出洞，逼其就範。例如，當某人到被求者家裡拜訪時，不
經意地告訴他，外面似乎有些傳說，說他有受賄行爲，還
說他與某某女有不正當的男女關係，有人撞見他倆在一
起。如此點到即止，保證他面色發灰，心驚肉跳，一定會
求你：「有事好商量，你有困難儘管說，我會幫助你解決
的。」

這時的他說話絕對是真誠的，你儘管開出他能力所及
的清單，讓他也會爽快地爲你服務一次。

不過，在沒有確鑿的證據前，絕不要用這一招，否則

他會反咬你一口，使你遭受麻煩。

託小人辦事，還有三點需要注意：

第一，要瞭解小人的背景來歷，看他的關係到底如何，還要看他的性格和行事特點。

第二，要循序漸進，不要一股腦兒地將利益全部拿出，這樣反而會激起他更大的胃口。

第三，不要要完全寄託於小人，要多尋幾條道路，防止錯過時機。

託小人辦事，一定要有技巧，同時也要穩妥行事，一旦有所損失，可以及時撤身，免受更大的損失。

# 讓「敵人」樂意為你辦事

　　有不少年輕人認為「敵人」就是「敵人」，是無法相處的，更不可能用來為自己辦事的。其實這種想法是不正確的，你的敵人都只是暫時而相對的，切忌把你目前的「敵人」一棍子打死，拋棄一個人就等於捨棄一線成功辦事的希望。

　　戰國時代後期，經過商鞅變法後的秦國逐漸強大起來，成為七雄中實力最強的國家，齊、楚、燕、韓、趙、魏六國均無力單獨抗擊強秦的侵略。為了與強大的秦國對抗，保障弱小國家的利益，六國聯合，勢在必行。

　　西元前314年，蘇秦先到燕國，向燕文王指出，自己的國家與燕國有著共同的敵人、共同的利益，在強大的秦國面前，各小國好比風中的蠟燭，只有大家聯合起來，才能保護各國的利益不受侵犯。他勸說燕文王應與近在百里的趙國聯合，以防千里之外的強秦。

　　燕文王接受了蘇秦的建議之後，蘇秦又來到趙國，向趙肅侯指出了大家的共同利益。他說：「秦國之所以不

進攻趙國，是因為顧慮韓、魏二國襲其後方。如果秦國先打敗韓、魏，再舉兵攻趙，那麼趙國的災難就到來了。」蘇秦還向趙王指出：六國之地五倍於秦，六國之兵十倍於秦，如果為了共同的利益，能夠合六為一，同心同德，必定能打敗秦國。因此，他希望趙王邀請韓、齊、楚、燕等國國君進行談判，共商六國聯合抗秦大業，這樣，秦國就不敢進攻六國中的任何一國了。

　　在整個遊說過程中，蘇秦抓住了各國都要維護自己的利益，秦國是他們的共同敵人這一主線，講明六國有著共同的利益關係，合則可以抗強，分則有被秦國各個擊破的危險。因此，同舟共濟，聯合抗秦，才是保護自己國家利益不被分割的唯一選擇。

　　相反，如果把對方的利益排斥在自己的利益之外，那麼對方絕不會友好相待，你們之間永遠都只是敵對的，那對方就更不樂意爲你辦事了。

　　世界上沒有永遠的敵人只有永遠的朋友，請人幫忙時應該把你的「敵人」囊括進來，將他變成你的朋友。因爲也許你們之間存在著共同的利益關係，雙方的聯合更能甚至是才能將目標達成。也許你的「敵人」在某一方面比你更有關係更有能耐，缺少了他就不能將事辦成。

讓「敵人」為你辦事，最好的方法就是要讓對方知道你與他有著共同的利益，這樣對方才會竭盡全力去做。

**總結**　　年輕人在活用各種關係辦事時，千萬能忘了「敵人」這一層關係。只要能採取明智的做法或採用一定的計策，定能化敵為友，讓他（她）樂意為你辦事，並讓你感到稱心如意。

# 讀品首選

## 20幾歲，**一次到位**

「人生是沒有意義的，你要為之確立一個意義
。」我們從小就被家長灌輸過人生意義的答案。在
此後漫長的歲月裡，老師和各種類型的教育，也都
不斷地向我們灌輸人生意義的補充版。但是有多少
人把這種外在的框架，當成了自己內在的目標，並
為之下定了奮鬥終生的決心？

## 老師根本**不會教的**50件事

一步一步來是做生意的訣竅，但不是交朋友的訣竅
；做生意時沒有友誼，交朋友時也不應該做生意。
　　　　　　　　　　　　　　　　　　──萊辛

情商專家研究指出，一個人事業的成功，只有百分
之十五是靠智商，另外的百分之八十五是靠情商，
而情商的重要方面就是人際關係能力、合作意識和
團隊精神。

## 獨一無二的
## 超強**魅力氣場**人脈掌控術

你可以超越愛因斯坦！

把握人脈網撲朔迷離現象背後的密碼！

有的人脈高手會告訴你一個道理：你的命運掌握在
別人手裡。其實，這句話後面還隱藏著另一句話：
當你學會運用氣場來影響他人時，你的命運就掌握
在自己手裡，你就是自己真正的命運之神。

## 他們的故事：名人**成長勵志**故事

　　古今中外，許多成功者都曾從勵志故事中獲得
人生啟示，激發無限潛能。

　　本書精選在各個領域中成就非凡、影響深遠的
世界名人，以生動的故事形式講述他們的成長歷程
。透過他們成長過程中發生的故事，展現出在人生
奮鬥的長河中所需要掌握的各種智慧和能力。每一
個故事都是一方通向成功之門的鋪路石，為你指引
前進的道路……

2 2 1 0 3

新北市汐止區大同路三段 194 號 9 樓之 1

# 讀品文化事業有限公司　收

電話/ (02) 8647-3663　　傳真/ (02) 8647-3660

劃撥帳號/ 18669219　　永續圖書有限公司

請沿此虛線對折免貼郵票，以膠帶黏貼後寄回，謝謝！

讀好書品嘗人生的美味

# 不靠爸的人脈讀心術